ENCYCLOPEDIA BROWN #9: Shows the Way by Donald J. Sobol

Copyright ⓒ Donald J. Sobol, 1972 All rights reserved.
This Korean edition was published by Sallim Publishing Co., Ltd.
in 2011 by arrangement with Donald J. Sobol co McIntosh and Otis,
Inc., New York through KCC(Korea Copyright Center Inc.), Seoul.

이 책의 한국어판 저작권은 ㈜한국저작권센터(KCC)를 통한 저작권자와의 독점 계약으로
㈜살림출판사에 있습니다.
저작권법에 의해 한국 내에서 보호를 받는 저작물이므로 무단 전재와 복제를 금합니다.

도널드 제이 소볼 지음　박기종 그림　이정아 옮김
신나는 과학을 만드는 사람들 솔루션 집필 및 감수

살림어린이

추천의 글

과학은 재미있고 즐거운 공부입니다. 하지만 보통 과학은 어렵고 지루하다고 느끼는 경우가 대부분입니다. 그렇다면 좀 더 재미있고 즐겁게 과학을 알 수 있는 방법은 무엇일까요? 바로 우리 주변에서 일어나는 일들을 주의 깊게 관찰하여 차근차근 과학에 접근하는 것입니다.

과학탐정 브라운은 주변에서 일어나는 사건들을 해결하는 과정을 통해 재미있는 방식으로 과학을 이해합니다. 소년 탐정이 사건을 하나씩 해결하는 과정을 따라가다 보면 어느새 과학의 즐거움을 느낄 수 있을 것입니다.

뿐만 아니라 과학 솔루션에서 사건과 관련된 과학 원리를 설명해 주어서 과학을 좀 더 쉽게 이해할 수 있습니다.

과학 솔루션은 초등 교과 과정과 연관된 물리, 화학, 생물, 지구 과학을 다양하게 접할 수 있도록 구성하였습니다. 이러한 과학 원리의 기초를 잘 익혀 두면 중·고등학교에 진학해서도 과학을 쉽게 공부하는 데 큰 도움이 될 것입니다.

지금부터 여러분은 과학탐정이 되어서 생각하고 행동해 보세요. "과연 왜 그럴까?" 하는 호기심을 가지고 출발하면 됩니다. 이 호기심들을 논리적으로 풀어 나가다 보면 어느새 사건을 해결하는 동시에 과학적인 사고도 쑥쑥 커져 있을 것입니다.

자, 이제 과학을 재미있게 경험할 준비가 되었나요? 과학탐정 브라운이 되어서 사건 속에 숨어 있는 과학을 찾아 나서 봅시다.

신나는 **과학**을 만드는 사**람**들

등장인물

르로이 브라운

한 번 읽은 것은 모두 기억하여 '인사이클로피디아'라 불림.
타고난 추리력으로 사설탐정소를 운영하고 있다.

브라운 경찰서장

아이다빌 시의 경찰서장이자 브라운의 아버지.
잘난 아들 덕에 범죄 해결은 만사 OK!

샐리 킴볼

미모와 지혜와 운동 신경을 모두 갖춘 여학생.
브라운의 사설탐정소 동업자이자 보디가드로 활약한다.

벅스 미니

말썽쟁이 소년 집단 호랑이 패의 우두머리.
브라운과 샐리를 미워하고 복수를 꿈꾸기도 한다.

차례

- 짖지 않은 개의 고통   8
- 쓰레기 더미 속의 빨간 하모니카   22
- 복수를 위한 권투 시합   34
- 걸어 다니는 머리 없는 사람   48
- 거짓 보상금의 함정   60
- 여름 축제의 입장권을 찾아라!   74
- 여자 유격수의 비밀   86
- 방울뱀 꼬리를 누가 훔쳤나?   98
- 가짜 여행가의 실수를 밝혀라!   110
- 유령 신부의 발자국   122

짖지 않은 개의 고통

세상 곳곳에서 범죄가 늘어가고 있었지만 아이다빌 시는 예외였어요. 아이다빌 시에서는 어린아이건 어른이건 할 것 없이 법을 어긴 사람은 빠져나갈 수가 없었지요. 범죄자들을 신속하게 잡아들이는 것을 제외하면 아이다빌은 그만한 크기의 다른 해안 도시들과 별반 다른 점이 없었어요. 부자들과 가난한 사람들이 있고, 멋진 해변이 있지요. 세 군데의 영화관과 두 군데의 델리 식료품점이 있고, 이곳저곳에 교회당과 유대인 회당이 있지요.

열 살 소년 탐정 인사이클로피디아가 살고 있는 곳이 바로 아이다빌 시예요. 인사이클로피디아는 구두 대신 운동화를

신은 미국판 셜록 홈스였어요.

아이다빌 시의 경찰서장인 인사이클로피디아의 아빠는 세상에서 가장 똑똑한 경찰서장으로 알려져 있어요.

브라운 서장은 똑똑했어요. 부하 경찰관들은 용감했고요. 하지만 이따금씩 해결할 수 없는 사건에 부딪혔어요. 그때마다 브라운 서장에게는 방법이 있었지요. 집으로 가는 거예요. 저녁을 먹으면서 아들인 인사이클로피디아에게 사건을 들려주었지요. 인사이클로피디아는 우유 잔이 비기도 전에 사건을 풀어내곤 했기 때문에 그보다 시간이 더 걸릴라치면 엄마는 실망하는 얼굴빛이 되었어요.

브라운 서장은 아들의 탐정 실력을 자랑하고 싶었을 거예요. 아들의 사건 해결 실력이 알려져 에프비아이(FBI : 미국의 비밀 경찰기관) 건물 앞에 아들의 조각상이라도 세워지면 좋겠다 싶은 심정이었을 거예요. 하지만 말을 하면 뭐하겠어요? 아이다빌 경찰이 놀라운 기록을 세우게 만든 배후 인물이 풍선껌이나 팝콘을 좋아하는 아이라면 누가 믿겠어요? 그러니 브라운 서장은 입을 다물었어요.

인사이클로피디아도 아빠를 도와준 일에 대해서는 입도 벙

굿하지 않았어요. 다른 여느 5학년생들하고 달리 보이고 싶지 않았거든요.

하지만 별명은 어쩔 수 없었어요. 인사이클로피디아를 진짜 이름인 '르로이'로 부르는 사람은 부모님과 학교 선생님들뿐이었어요. 다른 사람들은 모두 인사이클로피디아로 불렀어요.

인사이클로피디아는 온갖 지식들을 정리해 놓은 백과사전이에요. 탐정의 머리가 바로 백과사전인 것이지요. 친구들은 궁금한 것이 있으면 곧바로 인사이클로피디아에게 물었어요.

어느 날 저녁, 식사 도중 브라운 서장이 말했어요.

"어젯밤 데일 씨의 전기 드릴을 훔쳐 간 사람이 누군지 밝혀진 것 같소."

"누군데요?"

브라운 부인이 물었어요.

"에드 베이커라오."

브라운 서장이 대답했어요.

"1월에 자동차를 훔쳐 내서 글렌 시에서 망가뜨려 버렸던 그 십대 말인가요?"

인사이클로피디아가 물었어요.

브라운 서장이 고개를 끄덕였어요.
"어젯밤 누군가 데일 씨 집의 차고에 들어가 전기 드릴을 비롯한 연장들을 훔쳐 갔는데 그 무렵 데일 씨 집 부근에서 에드가 달려가는 것이 목격되었단다."
"그 아이를 체포했나요?"
브라운 부인이 물었어요.
"그 아이가 훔쳤다는 것을 증명할 수가 없구려."
브라운 서장이 말했어요.
"에드 말로는 풋볼 경기를 위해 연습하느라 달리고 있었고, 데일 씨 집은 멈추지 않고 달려서 지나쳤다는 거요."
"실마리는요?"
인사이클로피디아가 물었어요.
"두 가지란다. 하나는 뒤뜰에서 찾아낸 발자국. 왼쪽 운동화 발자국이더구나. 부드러운 흙 위에 찍힌 거였다."
브라운 서장이 대답했어요.
"에드의 운동화와 일치하나요?"
인사이클로피디아가 물었어요.
"훨씬 작은 크기더구나."

브라운 서장이 무겁게 입을 열었어요.
"데일 씨가 발자국을 만들어 놓은 것이 아닐까요?"
브라운 부인이 말했어요.
"데일 씨는 뒤뜰에 사람이 안 들어간 지 일주일이 지났다고 했소."
브라운 서장이 말했어요.
"어제 오후에 내린 비에 이전의 발자국들은 다 씻겨 나가 버렸다오."
"그럼 그 운동화 자국은 새 것이네요?"
인사이클로피디아가 말했어요.
"도둑의 것이겠군요. 두 번째 실마리는요, 아빠?"
"셔츠 조각이란다. 6인치 높이의 덤불에 걸려 있었단다."
브라운 서장이 말했어요.
"그럼 찢어진 셔츠는 에드의 집에서 찾으셨나요?"
브라운 부인이 물었어요.
"아니라오, 발자국을 남긴 것은 알아채지 못했을지라도 셔츠가 찢긴 것은 알았을 테니 셔츠는 버렸을 테지."
브라운 서장은 밥 한 술을 뜨고서 말을 이었어요.

"에드는 눈에 띄지 않으려고 분명 배를 땅에 대고 기었을 거요."
"왜 그렇게 생각하세요?"
브라운 부인이 물었어요.
"만약 두 발로 걸었다면 셔츠가 아니라 바지 자락이 찢겼을 거예요. 그런데 그다음 일이 이해가 안 된단 말이에요."
"뭐가요?"
인사이클로피디아가 물었어요.
"셔츠가 걸린 그 덤불은 데일 씨 집을 둘러싼 울타리 밖에 있거든. 밤에는 로버라고 불리는 큰 독일산 셰퍼드가 울타리 안을 돌아다니지."
브라운 서장이 말했어요.
"흠, 에드는 눈에 띄지 않으려고 울타리까지 기어서 갔다, 그리고 울타리를 넘었다. 그런데 셰퍼드는 어떻게 통과했느냐, 이거지요?"
인사이클로피디아가 물었어요.
"로버가 그렇게 집을 잘 지키는 개인가요?"
브라운 부인이 물었어요.

"로버는 훈련받은 개라오. 낯선 사람이 나타나면 짖어 대고 소매나 바지를 물도록 훈련을 받았소."

브라운 서장이 말했어요.

"에드가 먹을 것을 줘 잠잠하게 만들었는지도 모르지요."

브라운 부인이 말했어요.

"로버는 주인인 데일 씨가 주는 것 말고는 잘 먹지 않소."

브라운 서장이 말했어요.

"어젯밤 데일 씨는 아무 소리도 못 들었대요?"

인사이클로피디아가 물었어요.

"로버가 으르렁거리는 소리를 들었다더구나. 로버는 낯선 물체가 나타나면 짖게끔 훈련 받은 개라서 데일 씨는 개구리나 토끼를 보고서 그러려니 했다는군."

브라운 서장이 말했어요.

"에드가 로버를 때려서 꼼짝 못하게 했는지도 모르죠."

브라운 부인이 말했어요.

"로버는 다친 데가 없어요."

브라운 서장이 말했어요.

"음, 흔히 생각힐 때는 그런데."

"무슨 말씀이세요, 아빠?"

인사이클로피디아가 물었어요.

"데일 씨가 그러는데, 오늘 아침 로버가 뒷문 옆에서 웅크린 채 낑낑거렸단다. 그 후로도 계속 그러고 있는 모양이야. 먹지도 않고. 간밤에 된통 혼이 난 것처럼 말이지."

브라운 서장이 말했어요.

"세상에!"

브라운 부인이 놀라 입을 다물지 못하며 아들을 바라보았어요.

탐정은 벌써 두 눈을 감고 있었어요. 사건을 해결하기 위해 골똘히 생각을 할 때마다 나오는 인사이클로피디아의 습관이었어요. 별안간 탐정이 번쩍 눈을 떴어요.

"발자국은 에드의 것이에요. 그리고 데일 씨의 연장들도 에드가 훔쳤어요."

"하지만 발자국이 에드 것치고는 너무 작잖아."

브라운 부인이 말했어요.

"발자국은 비가 와서 땅이 아직 젖어 있을 때 찍힌 거예요. 비가 갠 뒤로 땅이 말랐잖아요."

인사이클로피디아가 말했어요.
"옳거니!"
브라운 서장이 무릎을 쳤어요.
"아, 내가 왜 그 생각을 못 했지? 땅은 마르면서 수축이 된 거고, 당연히 발자국도 작아졌을 텐데!"
"역시 너답구나, 르로이!"
브라운 부인이 아들을 자랑스러워하며 말했어요.
"그런데 에드가 로버는 어떻게 통과했지?"
"그건 찢긴 셔츠 조각으로 알 수 있어요, 엄마."
인사이클로피디아가 말했어요.

에드가 어떻게 통과했다는 것일까요?

○ 21쪽에 해결이 있어요.

과 학 솔 루 션

발자국이 찍히기 위한 조건은 무엇인가요?

동물의 발자국과 화석

"두 가지란다. 하나는 뒤뜰에서 찾아낸 발자국. 왼쪽 운동화 발자국이더구나. 부드러운 흙 위에 찍힌 거였다." 브라운 서장이 대답했어요.

　여러분은 아마 자연사 박물관에서 다양한 종류의 공룡 화석을 본 적이 있을 것입니다. 이러한 공룡 화석들은 우리에게 공룡이 살았을 당시의 지구의 환경과 생활을 알려 주고 있어, 우리가 과거를 공부하는 데 많은 정보를 제공해 주지요. 또한 우리나라에서도 공룡의 발자국 화석이 발견되어 과거에 한반도에도 공룡이 살았다는 증거를 보여 주고 있지요. 그렇다면 지금부터 공룡 발자국 화석이 만들어지는 과정을 살펴볼까요?

　먼저 동물 발자국 화석이 만들어지기 위한 조건이 있습니다. 공룡을 비롯한 동물의 발자국이 땅에 찍히기 위해서는 부드러운 흙이 필요하지요. 만약 딱딱한 땅이라면 발자국이 찍히기 어렵기 때문입니다. 또, 육지보다는 해안가의 진흙층이 발자국을 남기기에 가장 유리합니다. 그 이유는 육지의 경우 여러 동물이 다니기 때문에 발자국들이 서로 얽히게 되어 제대로 보이지 않고 없어질 수 있기 때문입니다. 실제로 우리나라의 경남 고성 공룡 발자국 화석의 경우처럼 해안가에서 발견되는 게 그 증거지요.

발자국이 남기 쉬운 얕은 해안

이렇게 공룡이나 동물의 발자국이 찍힌 진흙이 지형의 변동에 의해 바닷속으로 가라앉게 됩니다. 그 위로 퇴적물이 계속 쌓여 지층이 만들어지고, 점점 압력에 의하여 굳어지게 되지요. 그렇게 만들어진 지층이 오랜 시간이 흐른 후 다시 지형의 변동으로 땅 위로 올라오게 됩니다. 그다음에는 지층이 많이 깎이게 되고, 그 층이 외부로 들어나게 될 때 발자국 화석이 발견되는 것이지요. 우리나라의 경우도 예전에는 공룡이 살았는지의 여부에 대한 논란이 있었는데 공룡 발자국 화석이 남해안을 중심으로 발견되면서, 공룡이 살았다는 것이 증명되었답니다.

이처럼 공룡 발자국은 우리에게 많은 정보를 제공해 주지요. 그것은 이 화석이 발견된 당시의 지형과 환경을 알 수 있게 해 주는 것이지요. 이렇듯 아주 오래전에 지구에

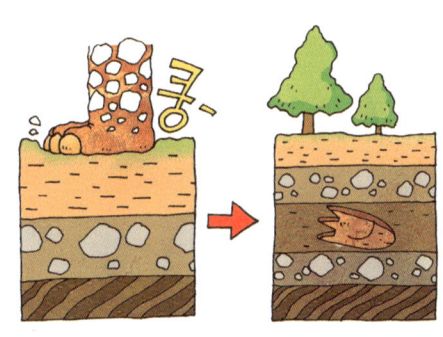

공룡 발자국이 퇴적물에 쌓이는 모습

살았던 공룡과 같은 동물의 흔적은 발자국 화석을 통하여 밝혀질 수 있다는 것을 기억해야 합니다.

사건을 해결하는 데 도움을 준 과학 지식은 무엇일까요?

우리가 알고 있는 동물의 지능은 훈련에 의한 반복적인 학습으로 결정되는 경우가 많습니다. 여기에서 등장하는 로버라는 개도 마찬가지이지요. 원래 개는 지능이 높다고 알려져 있지만 자기 스스로 판단하여 행동하기란 무척 어렵습니다. 로버는 낯선 침입자가 있으면 옷을 물도록 훈련을 받았습니다. 그런데 만약 사람이 옷을 입고 있지 않다면 당황할 수밖에 없을 것입니다. 하지만 이렇게 머리를 쓴 에드는 덤불에 들고 있던 셔츠가 걸려 찢어지면서 들통이 난 것입니다. 결국 에드는 데일 씨의 연장을 훔치려고 이런 행동은 한 것입니다.

> **정답**
> 아마 여러분은 해변의 모래를 밟으며 걸어 본 적이 있을 것입니다. 모래에 찍힌 발자국을 보며 어떤 생각을 하게 되나요? 하지만 이렇게 찍힌 발자국은 오랜 시간이 지나면 화석으로 변합니다. 가장 대표적인 것이 공룡 발자국이나 새 발자국이 찍힌 화석이지요. 이러한 동물의 발자국 화석이 만들어지기 위해서는 조건이 있습니다. 그것은 반드시 부드러운 흙 위에 발자국이 찍혀야 한다는 것이지요. 우리는 발자국을 통하여 당시 동물이 살았던 환경을 예측하기도 한답니다.

짖지 않은 개의 고통 편

로버는 낯선 침입자가 있으면 옷을 물도록 훈련 받은 개다. 하지만 물고 늘어질 것이 없으면 어떻게 될까? 가엾게도, 훈련받은 대로 할 수 없게 된 로버는 심리적 불안 상태에 빠져 움직이지 못하게 되어 버렸다. 이것이 인사이클로피디아가 추측한 어젯밤에 일어났던 일이었다.

에드의 셔츠 자락이 키 작은 덤불에 걸린 것은 에드가 기어가다 그런 것이 아니라 벗어서 들고 가다가 그렇게 된 것이었다! 에드는 셔츠뿐 아니라 옷을 모두 벗어 울타리에 걸어 둔 채, 울타리를 넘어 들어가 혼란에 빠진 로버를 지나쳤던 것이다. 벌거벗은 채로!

탄로가 난 것을 안 에드는 자신이 데일 씨의 연장들을 훔쳤다고 자백했다. 로버는 시간이 흐른 후 회복되었다.

쓰레기 더미 속의 빨간 하모니카

여름 방학이 되자 탐정은 이웃의 친구들을 돕기로 마음먹었어요. 그래서 차고에 사설탐정소를 열었지요. 날마다 아침을 먹고 나면 차고 밖에 다음과 같은 안내판을 내걸었어요.

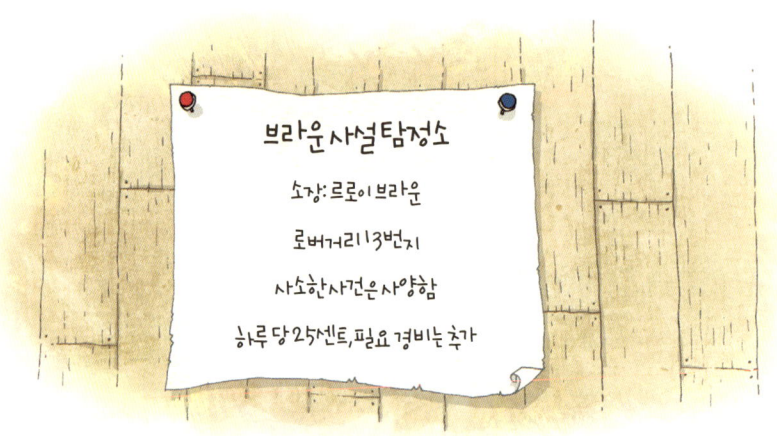

목요일 아침에 어떤 작은 남자아이가 사설탐정소로 들어섰어요. 표정이 안 좋아 보였어요.

"나 좀 도와줘."

남자아이가 인사이클로피디아 옆에 있는 휘발유 통 위에 25센트를 올려놓으며 말했어요.

"내 이름은 노스클리프 힉스야. 어제는 슬픈 날이었어."

"왜?"

인사이클로피디아가 물었어요.

"소프트 뮤직 때문에. 소프트 뮤직에 대해 알아?"

노스클리프가 말했어요.

"부드러운 조명하고 어울리는 음악이잖아."

인사이클로피디아가 대답했어요.

"무슨 연애 사건 같은 거니?"

"아니, 마음이 아니라 귀와 관련된 사건이야."

노스클리프가 어제 있었던 일을 말했어요.

노스클리프는 어제 오후에 물방앗간 연못가에 앉아 새로 생긴 빨간색 하모니카를 불고 있었지요. 그런데 어떤 큰 아이가 우스꽝스런 휘슬을 들고 다가왔어요.

"그 큰 애가 나더러 소리가 크고 힘차게 연주를 잘한다면서 자기는 연주를 부드럽게 잘한다고 했어. 그러면서 자기는 소프트 뮤직 연주 세계 챔피언이래."

노스클리프가 말했어요.

"증명을 해 보였어?"

인사이클로피디아가 물었어요.

"나한테 소프트 뮤직 연주로 겨루기를 하자고 했어. 자기 방식으로."

노스클리프가 말했어요.

"따질 것이 없었겠네?"

인사이클로피디아가 말했어요.

"각자가 연주를 하되 어찌나 부드럽던지 다른 사람들이 들을 수 없을 정도여야 하고, 그러면서도 연못 건너편에서 자고 있는 개를 깨울 만큼 큰 소리여야 한다는 거야."

"무슨 노래를 연주했어?"

"'건반 위의 아기 고양이,' 개라면 반응할 거라고 생각했거든. '스페인 양파의 춤'을 연주하는 게 나았을 텐데. 그 똥개는 건전지 떨어진 인형처럼 꼼짝을 안 하는 거야. 그러자 큰 애가 자기는 '코니 섬의 아가씨'를 휘슬로 불겠대. 난 하나도 들리지 않았는데 그 개가 글쎄, 벌통에서 붕붕거리는 꿀벌처럼 이리 뛰고 저리 뛰는 거야."

노스클리프가 말했어요.

"너무 속상해하지 마. 챔피언한테 진 거잖아."

인사이클로피디아가 위로를 했어요.

"졌다는 것 때문에 이러는 게 아니야. 자기가 졌다면 휘슬을 나한테 줬을 거라면서 그 애가 내 하모니카를 뺏어 갔어. 거짓말쟁이!"

"달아나지 그랬어."

"그러려고 했어. 그런데 그 애 친구들 셋이 나를 붙잡았어. 다들 가슴팍에 '호랑이들'이라고 적힌 셔츠를 입고 있었어."

"호랑이들? 어쩐지!"

인사이클로피디아가 탄식을 했어요.

"그 큰 애는 벅스 미니였어!"

벅스 미니는 말썽쟁이 상급생 무리의 대장이었어요. 자신들을 호랑이들이라고 불렀지만 음흉한 말썽쟁이들이라는 이름이 더 어울렸어요.

"벅스는 분명 개 휘슬을 불었을 거야. 사람들은 들을 수 없고 개들만 들을 수 있어."

인사이클로피디아가 말했어요.

"내 귀에 이상이 생긴 게 아니었어! 사기꾼 같으니라고! 내 하모니카를 찾아 줄 수 있겠니?"

노스클리프가 말했어요.

"힘써 볼게. 전에도 벅스를 상대해 봤어. 가서 만나 보자."

인사이클로피디아가 말했어요.

호랑이들의 클럽 하우스는 스위니 씨의 자동차 정비소 뒤에 있는 빈 헛간이었어요. 인사이클로피디아와 노스클리프가 도착했을 때 클럽 하우스에는 벅스 혼자 있었어요. 반짝이는 빨간색 하모니카로 '호랑이 장난'을 불고 있었어요. 두 사람이 다가오는 것을 보자 연주곡을 '파리 쫓기'로 바꿨어요.

"꺼져, 안 그러면 가만 안 둔다."

벅스가 으르렁거리듯 말했어요.

인사이클로피디아는 침착하게 벅스에게서 하모니카를 뺏어 들고 말했어요.

"여긴 노스클리프야. 자신의 빨간 하모니카를 네가 가져갔

다고 그러더군."

"그 소프트 뮤직 연주 겨루기는 사기였어. 개 휘슬을 불었잖아."

하모니카를 건네받은 노스클리프는 '넌 나를 이용했어'의 시작 부분을 불었어요.

"소프트 뮤직? 개 휘슬? 너 지금 무슨 소리를 하는 거야?"

벅스가 소리쳤어요. 하모니카를 낚아챈 벅스는 '상상'을 연주했어요.

"정정당당하게 겨루면 날 이길 수 없어. 잘 알고 있을 텐데."

"깡패 같은 짓 그만둬."

인사이클로피디아가 경고를 했어요.

"그건 노스클리프의 하모니카야. 주웠다고 둘러대지 마."

"어, 그래, 주웠어."

놀라서 두 눈만 깜박이던 벅스가 음흉한 웃음을 지으며 말했어요.

"어젯밤 쓰레기 더미에서 주웠어."

"어디 쓰레기 더미?"

노스클리프가 되물었어요.

"밀러 거리. 옆에 있는 야자수에 파란색 전등을 달아 놓은 쓰레기 더미에서. 뭔가 빨간 것이 반짝거렸는데 가까이 가 봤더니 이 하모니카더군."
벅스가 말했어요.
"우리 집 쓰레기 더미야."
노스클리프가 인사이클로피디아의 귀에 속삭였어요.
"어제 아빠가 뒤뜰에서 파티를 하기 위해 파란색 전등을 달아 놓으셨거든. 하지만 난 하모니카를 쓰레기 더미에 버리지는 않았어. 정말이야!"
벅스는 빙글거리며 하모니카를 입술에 대고 '공짜가 최고야'를 불었어요.
"실컷 불어. 그래도 달라진 건 없어. 그 하모니카는 훔친 거니까."
인사이클로피디아가 분명하게 말했어요.

인사이클로피디아가 분명히 말한 이유는 무엇일까요?

◐ 33쪽에 해결이 있어요

전구가 빛을 내는 원리는 무엇인가요?

전구의 과학

"밀러 거리. 옆에 있는 야자수에 파란색 전등을 달아 놓은 쓰레기 더미에서 뭔가 빨간 것이 반짝거렸는데 가까이 가 봤더니 이 하모니카더군."
벅스가 말했어요.

우리 주변에는 어두운 곳을 밝히는 다양한 종류의 전구들이 사용되고 있습니다. 이러한 전구들이 발명됨으로써 사람들은 더욱 편리하게 어두운 밤에도 활동을 할 수 있게 되었지요. 만약 전구를 발명하지 못했다면 우리 생활이 불편했을지도 모를 일입니다. 지금부터 우리의 생활을 더욱 편리하게 만든 전구에 대하여 알아볼까요?

먼저 전구를 처음으로 발명한 사람은 너무도 유명한 미국의 과학자 에디슨입니다. 그는 탄소 필라멘트를 사용하여 새로운 전구를 만들었지요. 하지만 이 전구는 탄소가 높은 온도에서 증발하여 검게 변하며 수명이 짧다는 단점이 있었습니다. 이러한 문제점은 후대의 다른 과학자들에 의해 보완되어 탄소를 대신한 텅스텐 필라멘트가 등장하게 되었지요. 또, 전구의 내부에 질소를 주입하여 금속이 높은 온도에서 타서 다른 물질로 변하는 것을 막아 수명을 더욱 길게 했습니다. 이러한 노력의 결과 지금은 질소 대신 아르곤을 주

에디슨 전구와 현대의 전구

입하고 금속을 코일 모양으로 치밀하게 감아 더욱 안정적으로 기능을 개선하게 되었지요.

이번에는 전구의 종류에 대하여 알아봅시다. 전구의 종류에는 전광 전구, 착색 전구, 자동차 전구, 적외선 전구 등이 있지요. 전광 전구는 유리구의 내면에 규산의 백색 분말을 칠한 것으로 조금 낮은 밝기를 원할 때 사용하는 전구입니다. 착색 전구는 주로 장식용으로 사용되며 빨강, 노랑, 파랑 등의 다양한 색깔을 칠한 전구이지요. 자동차 전구는 이름 그대로 자동차의 전조등이나 후미등, 실내등에 사용되는 전구를 말합니다. 적외선 전구는 유리구에 적외선을 잘 통과시키는 유리를 사용하여 적외선을 많이 얻을 수 있도록 만든 전구입니다.

이처럼 우리의 생활을 편리하게 해 주는 전구는 지금은 다양한 분야에 사용되고 있습니다. 최근에는

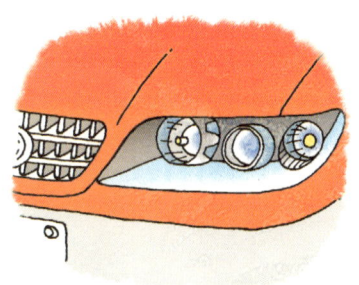
자동차 선조등에 사용되는 전구

LED 전구가 등장하여 전력 소모를 줄이고 수명이 길며 자연광과 같은 빛을 내는 등 과거보다 더욱 뛰어난 성능을 가진 전구가 사용되고 있지요. 앞으로 계속 발전해 지금보다 더욱 우수한 전구가 등장할 것으로 기대하고 있습니다.

사건을 해결하는 데 도움을 준 과학 지식은 무엇일까요?

여러 가지 빛이 합쳐지면 다른 색을 나타내는 경우가 있습니다. 특히 파란색과 빨간색이 합쳐지면 어두운 색인 검은색을 나타내지요. 여기에서도 벅스는 밤중에 쓰레기 더미에서 빨간색 하모니카를 주웠다고 했어요. 그런데 쓰레기 더미를 비추던 불빛은 분명 파란색이었는데 색깔을 알아본다는 것은 말이 되지 않습니다. 분명 하모니카의 색은 검은색으로 보일 테니까요. 따라서 벅스는 분명 거짓말을 한 것입니다.

정답

우리 주변에는 다양한 종류의 전구들이 있습니다. 우리는 이러한 전구들로 다양한 빛을 낼 수 있어서 밤에도 활동이 가능하지요. 그렇다면 전구는 어떤 원리로 빛을 내는 것일까요? 전구가 빛을 내는 원리는 전구에 전류가 흐르면 전구 속 필라멘트의 저항에 의해서 전류가 빛과 열에너지로 바뀌기 때문이지요. 아울러 이러한 전구의 유리 표면에 다양한 색깔을 칠하여 빨강, 노랑, 파랑 불빛을 나타내기도 합니다.

사건의 해결: 쓰레기 더미 속의 빨간 하모니카 편

벅스는 밤중에 쓰레기 더미에서 빨간색 하모니카를 주웠다고 했다. 벅스는 노스클리프 집 옆의 쓰레기 더미를 묘사해 인사이클로피디아에게 하모니카는 노스클리프가 버린 것이라고 믿게 하려고 했다. 하지만 쓰레기 더미를 비추던 불빛은 파란 불빛이었다. 벅스의 말이 거짓말로 탄로나는 부분이다.

파란색 불빛 속에서 빨갛게 반짝이는 뭔가를 보았다니! 반짝거리는 빨간색 물건에 파란색 불빛을 비추면 그 물건은 빨간색으로 보이지 않는다. 검은색으로 보이는 것이다!

벅스는 하모니카를 되돌려 주었다. '내 슬픈 마음' 몇 소절을 부른 뒤에.

복수를 위한 권투 시합

벅스 미니에게는 미치도록 하고 싶은 일이 한 가지 있었어요. 인사이클로피디아에게 복수를 하는 것이었지요.

벅스는 소년 탐정에게 매번 당하는 것이 견딜 수가 없이 분했어요. 언젠가 인사이클로피디아의 턱에 통쾌하게 한방을 날리고 싶었어요.

벅스는 호시탐탐 기회를 노렸지만 한번도 인사이클로피디아를 향해 주먹을 날리지는 못했지요. 그러고 싶을 때마다 샐리 킴볼이 생각났기 때문이었어요.

샐리는 5학년에서 제일 예쁜 여학생일 뿐만 아니라 싸움도 제일 잘하는 아이였어요. 또래의 남자아이들이 꿈도 꿔 보지 못한 일을 해냈어요. 뭐냐고요? 벅스를 땅바닥에 눕혀 버린 것이었지요!

샐리가 탐정의 동업자가 된 후 벅스는 인사이클로피디아를 힘으로 어찌해 볼 생각은 접을 수밖에 없었어요. 하지만 복수 자체를 포기한 것은 아니었어요.

"벅스는 나를 미워하는 것보다 널 훨씬 더 미워해. 너한테 당한 것은 절대 용서 안 할걸."

인사이클로피디아가 주의를 주었어요.

바로 그때 이케 캐시디가 브라운 사설탐정소로 들어섰어요. 이케는 벅스 무리 중 한 명이었어요.

"나 호랑이 패거리에서 나오려고 해."

이케가 뜻밖의 말을 했어요.

"네 도움이 필요해. 사례비는 내 주머니에 있으니 네가 직접 꺼내 가. 내 손가락이 말을 안 들어."

"무슨 일인데?"

인사이클로피디아가 물었어요.

"벅스의 사촌인 베어캣 미니가 주말을 여기서 보내고 있어. 베어캣은 열 살이지만 체격이 엄청나. 베어캣의 권투 상대가 되어 주면 벅스가 나한테 2달러를 주겠다고 했어."

이케가 말했어요.

"베어캣이 넘어뜨린 후 손가락을 밟았구나?"

인사이클로피디아가 말했어요.

"아니, 그 애 머리 때문이야. 내가 특기인 원투 훅을 날렸는데 그때 내 손가락이 부러진 것 같아."

이케가 말했어요.

"권투 장갑을 꼈어야지."

샐리가 끼어들었어요.

"꼈어, 그랬는데도 이래! 베어캣은 정말 괴물이야!"

이케가 말했어요.

"케이오 당했어?"

인사이클로피디아가 물었어요.

"당한 것일 수도 있고 아닐 수도 있고. 그 애의 첫 주먹에 난 나가떨어지지도 주저앉지도 않았어. 어찌나 아프던지 결국은 주저앉을 수밖에 없었지만."

이케가 말했어요.

"세상에! 하, 한 방에 그렇게 됐다고?"

인사이클로피디아가 놀라 물었어요.

"두 방에."

이케가 정정을 했어요.

"내가 일어서자 그 애가 또 한 방을 날렸는데 난 꼼짝할 수가 없더라. 움직일 수조차 없었어. 넘어지지도 못하고 꼼짝을 못했어."

"말만 들어도 챔피언감이네."

샐리가 말했어요.

"다음 올림픽을 위해 훈련 중이래."

이케가 말했어요.

"아직 어리지 않나?"

샐리가 말했어요.

"모르는 소리 하지 마. 그 애가 입김만 불어도 아플 지경인데."

이케가 말했어요.

베어캣에 대한 이야기를 들을수록 인사이클로피디아는 기분이 언짢아졌어요.

"왜 우리 도움이 필요한 건데?"

탐정이 물었어요.

"벅스가 너무 일찍 끝나 버려서 2달러를 줄 수 없다는 거야. 그 돈을 받아 내줘."

이케가 말했어요.

인사이클로피디아는 침을 꿀꺽 삼켰어요. 사건을 맡았다간 코피 범벅이 될 게 뻔해 보였어요.

"그 돈은 잊어버려."

탐정이 말했어요.

"이건 자존심의 문제야. 베어캣이 나를 화나게 했어. 내가 여자아이처럼 싸운대, 글쎄."

이케가 말했어요.

"뭐? 그 애가 그런 말을 했다고?"

샐리가 발을 구르며 말했어요.

"사건을 맡겠어. 진짜 여자애가 어떻게 싸우는지 베어캣 미니 씨에게 내가 보여 주겠어!"

'벅스가 원하는 게 바로 이거라고.'

인사이클로피디아는 벅스의 속셈을 짐작했어요.

하지만 인사이클로피디아는 아무 말도 하지 않았어요. 샐리가 여성 편을 들고 나올 때는 따져 봤자 소용이 없기 때문이지요.

탐정은 이케의 주머니에서 25센트 동전을 꺼냈어요. 그리고 셋은 벅스를 만나러 갔어요. 벅스는 클럽 하우스의 문간에 앉아 있었어요.

"길 잃었나?"

벅스가 으르렁거렸어요.

"부인네들 바느질 모임은 저쪽이다."

"이케의 2달러를 받으러 왔어."

샐리가 말했어요.

"팔자 좋은 소리 하시네. 난 여자아이처럼 싸운 애한테는 한 푼도 줄 수 없어."

벅스가 대답을 튕겼어요.

"여자아이가 얼마나 잘 싸울 수 있는지 벌써 잊으셨나 보네. 다시 상기시켜 줘?"

샐리가 말을 되받아쳤어요.

벅스는 장난하듯 두 손을 들어 올렸어요.

"나를 잘 알면서 왜 이러시나. 난 여자아이와 싸우기에는 너무 크잖아. 잠깐! 여기 마침 5학년짜리가 있는데, 이거 잘 됐네! 그 애랑 한판 붙으면 되겠다."

"내가 이기면 이케에게 2달러를 줄 거지?"

샐리가 말했어요.

"물론이지, 난 약속은 지키는 사람이라고."

벅스가 말했어요.

벅스는 인사이클로피디아의 발치에 권투 장갑 한 켤레를 던져 놓고 안으로 사라졌어요. 안에서 벅스의 목소리가 들려왔어요.

"베어캣, 어떤 햇병아리 여자애가 너에게 흙 맛을 보여 줄 수 있다고 자신하는데?"

인사이클로피디아는 권투 장갑을 주워 들었어요. 긴장된 얼굴로 샐리의 오른손에 장갑을 끼우고 묶기 시작했어요. 이케가 왼손을 맡았어요.

이윽고 벅스가 클럽 하우스에서 나왔어요.

그 뒤를 권투 장갑을 낀 남자아이가 따라 나왔어요. 그 남자아이는 5학년인 세 사람을 합해 놓은 것처럼 보였어요. 한 사람의 키에 두 사람의 몸통이었지요.

"베어캣."

이케가 신음소리처럼 중얼거렸어요.

베어캣이 작고 검은 눈으로 샐리를 위아래로 훑어보았어요.

"별로 대단해 보이지도 않네."

베어캣이 비아냥거리듯 말했어요.

"저 애는 남자아이들이 하는 것을 여자아이들도 다 할 수 있다고 여겨."

벅스가 말했어요.

"글쎄, 난 여자아이하고는 권투를 한 적이 없어서."

베어캣이 몸을 구부리지도 않은 채 손으로 무릎을 툭툭 치며 말했어요.

"자업자득이야. 네가 철이 들도록 뻗게 만들어 주겠단다. 맛 좀 보여 줘라!"

벅스의 말에 베어캣이 어깨를 으쓱해 보였어요.

"형이 그런다면야."

베어캣이 투덜거리며 샐리에게 서서히 접근해 왔어요.

재빨리 인사이클로피디아가 둘 사이로 끼어들었어요.

"그래 봤자 소용없어, 벅스. 싸움은 없어. 이케를 시켜서 샐리를 베어캣과 싸우도록 해서 복수를 하려고 하는 거 다 알아."
탐정이 말했어요.

인사이클로피디아는 벅스의 속셈을 어떻게 알아챘을까요?

◐ 47쪽에 해결이 있어요

과학 솔루션

권투 장갑의 용도는 무엇인가요?

권투 장갑의 과학

"권투 장갑을 껴어야지."
샐리가 끼어들었어요.
"껴어. 그랬는데도 이래! 베어캣은 정말 괴물이야!"

지금은 권투 경기의 인기가 많이 줄었지만 그래도 권투는 다른 스포츠에 비하여 박진감이 넘치는 종목입니다. 두 선수가 권투 장갑을 끼고 사각의 링에서 주먹만으로 정정당당하게 싸우기 때문입니다. 권투는 다른 스포츠와 마찬가지로 몸무게로 일정한 체급을 정하여 시합을 하지요. 그리고 권투에서 무엇보다 중요한 것은 장갑입니다. 만약 장갑 없이 맨주먹으로 시합을 한다면 큰 사고를 일으킬 수 있지요. 지금부터 권투를 할 때 꼭 필요한 권투 장갑에 대하여 알아볼까요?

권투 장갑의 무게는 온스(oz)라는 단위로 나누어져 있습니다. 권투 시합에 사용하는 장갑은 보통 6온스나 8온스를 사용하며 연습용의 경우에는 10온스 이상의 것을 사용합니다. 그렇다면 온스라는 단위는 무엇을 말할까요? 온스란 야드나 파운드법의 질량이나 부피의 단위를 말하지요. 보통 1온스는 28.35그램이라고 합니다. 따라서 권투에서 사용하는 장갑은 크기를 말하는 것이 아니라 무게를 나타내는 것이지요. 따라서 시합용 권투 장갑은 6온스나 8온스를 사용하므로 170.1그램이나 226.8그램의 무게가 나가는 장갑을 끼는 것입니다.

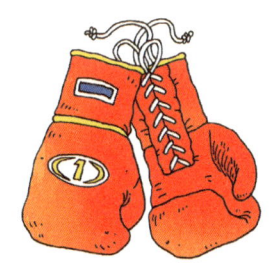

시합용 권투 장갑

그리고 권투 장갑의 색깔은 여러 가지가 있지만 가장 많이 사용하는 색깔은 빨간색이지요. 무엇보다 빨간색이 가장 많이 사용되는 이유는 참으로 다양합니다. 가장 큰 이유로는 사람의 열정을 나타내기 때문이라고 합니다. 또, 빨간색은 생명과 죽음이 상징한다고 하지요. 예로부터 붉은 색 피에는 영혼이 들어 있다고 하여 삶과 죽음을 뜻하기도 했습니다. 그만큼 권투는 죽음을 각오하고 싸워야 한다는 것을 암시하고 있지요. 이처럼 권투 장갑이 주로 빨간색인 것은 다 이유가 있습니다.

권투 시합에서 장갑을 착용하는 이유는 서로를 보호하기 위해서입니다. 장갑을 착용하지 않고 맨손으로 서로 치고받을 경우에는 특히 사람의 얼굴 부위에 생명을 위협하는 치명적인 곳이 많아 조심해야 합니다. 하지만 장갑을 착용하게 되면 그만큼 충격이 덜하게 되므로 치는 사람이나 맞는 사람에게 모두 안전할 수 있습니다. 그 이유는 장갑에 의하여 맞는 면이 넓어져 가한 힘이 약해지므로 얼굴에 가해지는 충격량이 감소할 수 있게 되지요. 또, 손가락도 안전하게 보호할 수 있으므로 장갑

은 꼭 착용해야 합니다. 이처럼 권투 장갑에는 여러 가지 의미들이 숨어 있습니다.

재미있는 과학 상식 : : : 권투의 용어

권투와 관련된 여러 가지 용어들을 살펴보면 그 나름대로의 이유가 있습니다. 먼저 권투를 영어로 하면 복싱(boxing)이라고 합니다. 그렇게 불리게 된 이유는 권투 경기장의 모습이 상자인 박스(box)처럼 네모로 생겼기 때문입니다. 또, 권투 경기장을 뜻하는 용어를 링(ring)이라고 합니다. 그 이유는 고대의 격투기장의 모양이 동그랗기 때문에 여기에서 유래된 것입니다. 지금은 그때와는 모양이 다르지만 과거에 불렸던 것을 그대로 사용하고 있습니다. 이처럼 권투에 사용하는 용어들은 다 이유가 있는 것입니다.

정답

여러분은 권투 경기 중계를 본 적이 있을 것입니다. 경기를 보면 2명의 선수가 권투 장갑을 끼고 주먹으로 시합을 합니다. 그렇다면 권투 경기에서 권투 장갑을 끼는 이유는 무엇일까요? 당연히 선수를 보호하기 위한 것입니다. 하지만 이 장갑은 때리는 사람이나 맞는 사람이나 모두를 보호하기 위한 것이지요. 만약 그냥 맨주먹으로 경기를 한다면 때리는 사람이나 맞는 사람이나 모두 위험할 수 있기 때문입니다.

복수를 위한 권투 시합 편

　벅스는 샐리에게 당한 것을 되갚아 주고 싶었다. 그래서 사촌 베어캣과 한판 붙게 하려고 했다. 그래서 이케에게 사설탐정소를 찾아가 꾸며 낸 이야기를 하게 시켰다.
　이케는 벅스가 주기로 한 2달러를 안 준다고 탐정에게 말했다. 그리고 베어캣과 싸우겠다고 나설 만큼 샐리의 화를 돋우기 위해 베어캣이 자기에게 여자아이만도 못하게 싸운다고 했다고 말했다. 하지만 이케는 자신의 역할을 들키고 말았다. 이케는 베어캣의 머리를 치다가 손을 다쳤다고 했고, 그래서 주머니에서 동전도 꺼내지 못한다고 말했다. 그런데 나중에는 샐리에게 권투 장갑을 끼어 주며 끈을 묶어 주었다. 손을 다친 것처럼 연기해야 하는 것을 깜박했던 것이나! 하지만 인사이클로피디아는 그 말을 잊지 않고 있었다.

걸어 다니는 머리 없는 사람

글로브 영화관에서 버스를 타고 집으로 돌아오면서 인사이클로피디아는 자신을 나무랐어요.

'왜 찰리 스튜어트에게 이끌려 공포 영화를 봤을까? 집에서 책이나 읽었더라면 좋았을걸.'

탐정은 차창을 통해 밤하늘을 보았어요. 북쪽 하늘에 구름이 모이고 있었지요.

"어둔 밤에 집으로 걸어가는 것만도 으스스한데 비까지 오려나……."

탐정은 불안해서 속으로 중얼거렸어요.

탐정의 옆자리에 앉은 찰리 스튜어트가 몸을 부르르 떨었어요.

"머리 없는 흡혈귀니 살인 고릴라니 하는 것들은 끄떡없이 봤는데, 르파지 박사의 고문실에서 떠다니던 손들은……. 으, 생각만 해도 떨린다."

찰리가 말했어요.

내려야 할 정류장이었어요. 인사이클로피디아는 함께 내리는 승객들이 있으면 좋겠다고 생각했어요.

"솔잎 거리입니다."

버스 기사가 말했어요.

둘은 문으로 다가갔어요. 내리는 승객은 둘뿐이었어요. 버스는 어둠 속에 둘을 내려 준 뒤 떠났어요.

"으스스하다. 뭔가 무시무시한 일이 일어날 것만 같아."

"그건 그저 영화잖아. 진짜가 아냐."

인사이클로피디아는 불안해하는 찰리를 감쌌어요.

"고릴라들은 진짜야. 사람을 해칠 수도 있어."

찰리가 고집스럽게 말했어요.

"가장 가까운 곳의 고릴라는 크랜든 동물원에 있는 녀석일 텐데, 그 녀석은 작년에 죽었어."

인사이클로피디아가 말했어요.

"이제 그만해. 머리 없는 흡혈귀니 사람들 목을 조르는 떠다니는 손이니 하는 것들은 없어."

둘은 어깨를 맞대고 걷기 시작했어요.

"최근에 집집마다 집 앞 현관 전등이 이상하게 다들 깨졌잖아. 그건 어떻게 된 건데? 그 떠다니는 손들은 공격을 하려면 항상 불부터 나가게 했잖아, 안 그래?"

찰리가 말했어요.

"그 이야기를 지금 해야겠니?"

인사이클로피디아는 찰리에게 눈치를 주며 말했어요.

밤은 점점 깊어 가고 폭풍우를 머금은 구름이 달에 걸쳐 있었어요. 인사이클로피디아가 집에까지 가려면 솔잎 거리 여덟 골목과 로버 거리 네 골목을 더 가야 했어요. 찰리는 거기서 두 골목을 더 가야 했고요.

"오늘 밤 우리 집에서 잘래? 내가 침낭을 쓸게."

"고맙긴 하지만 집에 갈래. 다행히 전등들이 켜져 있잖아."

찰리의 말이 사실이었어요. 솔잎 거리를 따라 늘어선 집집마다 집 앞 현관 전등이 켜져 있었어요. 하지만 집들 사이 빈터들은 여전히 어두웠어요.

빠른 속도로 여섯 골목을 지났을 때 번갯불이 번쩍하는 순간, 캄캄한 밤이 대낮처럼 밝아졌어요. 번갯불이 사라지자 쨍그랑거리는 날카로운 소리에 이어 꽝! 하는 천둥소리가 울렸어요. 찰리가 놀라서 펄쩍 뛰어올랐어요.

"드, 들었어?"

"유리창 깨지는 소리……."

인사이클로피디아의 말이 끝나기도 전에 찰리가 비명을 질렀어요.

"으악! 그럴 줄 알았어!"

앞쪽에 있는 집의 현관을 밝히던 불빛이 꺼져 버린 것이었어요.

인사이클로피디아는 현관 불이 나간 집을 노려보았어요. 허공에 떠다니는 두 손, 크랜든 동물원의 고릴라 유령, 머리 없는 흡혈귀 같은 것들이 나타나는지 살피며 소리쳤어요.

"달아나."

찰리가 간신히 말을 했어요.

"몸이 말을 안 들어."

"뛰어 봐!"

인사이클로피디아가 재촉했어요.

"아, 안 돼!"

찰리가 달달 떨며 말했어요.

현관 전등이 나간 집 쪽에서 무언가 빠른 속도로 둘을 향해 다가왔어요. 가까워지는 동안 인사이클로피디아는 그것이 사람이라는 걸 알아볼 수 있었어요.

머리 위로 들어 올린 양손을 휘젓고 있는 그 사람은 머리가 없었어요!

"바, 발아! 제발 움직여 다오!"

찰리의 다리는 달리는 대신 후들후들 떨기 시작했어요.

인사이클로피디아가 쓰러질 만한 부드러운 곳을 찾는데 달려오던 사람이 우뚝 멈춰 섰어요. 그러더니 머리가 쑤욱 나왔어요. 듀크 켈리였지 뭐예요! 그리고 보니 듀크네 집이 그 거리에 있었어요. 듀크는 벅스 미니가 대장인 호랑이 패거리였어요. 웃옷을 끌어올려 머리에 뒤집어쓰고 달렸던 것이지요.

찰리가 안도의 한숨을 쉬며 물었어요.

"여기서 뭐하고 있는 거야?"

"창가에서 책을 읽고 있었는데 깜박 졸았나 봐. 천둥소리를 듣고 깼어."

듀크가 말했어요.

"그래서 머리 없는 흡혈귀처럼 거리를 달려 내려왔다? 내가 만약 담력이 약했더라면 무서워서 기절했을 거야."

찰리가 말했어요.

"무슨 흡혈귀 타령? 천둥소리에 깨어 보니 번갯불이 번쩍이며 환해졌고, 그 순간 태프트 씨 댁 현관에 돌멩이를 던지는 아이 둘이 보였어. 그 돌멩이에 집 앞 현관 전등이 깨져 버려 애들을 잡으려고 웃옷을 집어 들고 입으면서 나왔던 거야."

듀크가 말했어요.

"웃옷을 입으면서 그 아이들을 쫓아 나왔다고? 싸울 때는 다들 웃옷을 벗잖아."

인사이클로피디아가 말했어요.

"우리 호랑이들은 신사처럼 싸우거든."

듀크가 말했어요.

"그렇게 웃옷을 입으면서 달리다가는 나무에 부딪혀."

인사이클로피디아가 주의를 주었어요.

"이 옷은 안 그래."

듀크가 웃으면서 말했어요.

"성글게 짠 스웨터라 다 비쳐 보이거든."

듀크는 웃옷 자락을 바지 속으로 집어넣어 입었어요. 그리고 인사이클로피디아와 찰리를 의심스러운 눈빛으로 쳐다보았어요.

"그래, 너희 둘은 이 밤에 어인 일이셔?"

듀크가 물었어요.

"남의 집 앞 전등을 깨트리고 다니는 거야?"

듀크가 말했어요.

"깜박 속을 뻔했어. 하려면 제대로 했어야지. 전등 깬 것을 우리한테 들켜서 걱정을 하고 있군."

인사이클로피디아가 말했어요.

인사이클로피디아는 듀크의 거짓말을 어떻게 알았을까요?

◐ 59쪽에 해결이 있어요.

과 학 솔 루 션

번개는 어떤 과정으로 만들어지나요?

번개에 대하여

빠른 속도로 여섯 골목을 지났을 때 번갯불이 번쩍하는 순간, 캄캄한 밤이 대낮처럼 밝아졌어요. 번갯불이 사라지자 쨍그랑거리는 날카로운 소리에 이어 꽹! 하는 천둥 소리가 울렸어요.

아마 여러분은 비 오는 날, 번개가 치는 모습을 보고 두려움과 경이로움을 느낀 적이 있을 거예요. 번개는 자연이 만드는 아주 대단한 작품이지요. 그렇다면 이러한 번개는 과연 어떻게 만들어지는 것일까요?

번개가 만들어지는 과정에 대해 알아볼까요? 번개가 만들어지기 위해서 꼭 필요한 것이 바로 상승 기류에 의한 소나기구름입니다. 이것이 만들어져야 번개가 생성되기 위한 조건이 되는 것이지요.

상승 기류에 의해 물방울들이 양극과 음극으로 나누어지며 위층은 양전하(물체가 음전기보다 양전기를 많이 가지고 있는 상태)를 아래층은 음전하를 띠게 됩니

번개

다. 그중에서 아래 층의 음전하가 지상에 있는 양전하를 띤 곳에 떨어지게 되면 번개가 치게 되는 것이지요. 이렇게 지상에 떨어지는 번개는 빛과 소리를 같이 동반합니다.

하지만 재미있는 것은 빛과 소리의 움직임이 서로 달라서 속도가 빠른 빛이 먼저 보이게 되고 그다음에 속도가 느린 소리가 나중에 들리게 됩니다.

만약 번개가 갑자기 칠 때 안전하게 피하는 방법에는 무엇이 있을까요? 가장 중요한 것은 우리 몸을 될 수 있는 대로 안전하게 보호를 하는 것이 중요합니다. 가능하면 몸의 자세를 낮추어 움푹 파인 곳이나 동굴 속으로 피하는 것이 좋지요. 또, 금속으로 되어 있는 물품을 버리고 이로부터 멀리 떨어지는 것이 좋습니다.

아울러 산꼭대기나 산봉우리는 피하고 나무가 있는 곳에서 가능하면 멀리 떨어지는 것이 좋지요. 사람이 번개를 맞을 확률은 낮다고 하지만 그 위험성은 항상 존재한다는 것을 잊지 마세요.

번개는 자연이 만드는 신기한 현상이므로 우리가 마음대로 조절할 수는 없습니다. 따라서 번개에 대한 특징이나 현상들을 잘 알고 있어야 그 피해를

줄일 수 있지요. 이제 우리는 번개에 대한 지속적인 연구를 통하여 좀 더 안전하게 번개를 이용할 수 있도록 해야 할 것입니다.

사건을 해결하는 데 도움을 준 과학 지식은 무엇일까?

번개가 치는 것을 자세히 살펴보면 빛과 함께 소리가 생긴다는 것을 알 수 있습니다. 하지만 빛의 속도가 소리보다 빠르기 때문에 빛이 먼저 도달한 후 소리가 들리게 되지요. 여기에서 듀크는 번개가 치는 소리에 놀라서 잠이 깬 후 현관 전등을 깨고 달아나는 아이들을 번개의 불빛으로 보았다고 했습니다. 이것은 말이 되지 않습니다. 왜냐하면 소리와 빛의 순서가 바뀌었기 때문입니다. 결국 듀크는 자신이 전등을 깬 행동을 숨기기 위해 거짓말을 한 것입니다.

정답

번개는 어떻게 만들어지는 것일까요? 번개가 치기 위해서는 먼저 공기가 가열되어 상승 기류가 만들어져서 소나기구름이 생겨야 합니다. 그다음에는 물방울들이 양전기를 띠게 되고 주변의 공기는 음전기를 띠게 되지요. 그 뒤 양전기를 가진 물방울들은 점점 위로 올라가고 음전기를 가진 물방울들은 아래로 내려가게 됩니다. 이 음전기를 띠는 물방울들이 지상의 양전기를 띤 물체가 있는 곳으로 떨어지게 되는데 이것이 바로 번개이지요. 아울러 번개는 빛을 내며 함께 떨어지게 되어 우리가 눈으로 볼 수 있는 것입니다.

사건의 해결 — 걸어 다니는 머리 없는 사람 편

듀크는 덤불 뒤에 숨어 집 밖 현관의 전등에 돌멩이를 던졌다. 번갯불이 번쩍이는 순간이었다. 번갯불 빛에 주변이 환해졌을 때 인사이클로피디아와 찰리가 오고 있는 것을 보았다. 혹시 달아나는 모습을 들켰을까 봐 이야기를 꾸며 냈다. '천둥소리에 놀라 잠에서 깼고, 번갯불 빛에 현관 전등을 깨고 달아나는 아이 둘을 보았다는 말은 거짓말이다. 천둥소리는 번갯불이 번쩍 한 뒤에 들리지 그 전에 들리지는 않는다. 천둥소리가 우르릉거릴 때는 번갯불은 이미 지나간 것이다. 듀크는 인사이클로피디아와 찰리를 향해 뛰어오면서 마치 서둘러 집에서 나온 것처럼 보이려고 웃옷을 입으려던 것인 양했지만 사실은 벗으면서 뛰어왔던 것이다. 듀크는 이웃집들의 전등을 깨고 다니는 짓을 그만두었다.

거짓 보상금의 함정

거스 엘킨이 브라운 사설탐정소를 찾아왔어요.
"시립 쓰레기장에 가는 길이야."
"뭐 특별한 것을 찾고 있니?"
인사이클로피디아가 물었어요.
"무얼 찾으러 가는 게 아니고, 윌포드 위긴스의 이야기를 들으러 가는 거야. 2시에 비밀 집회가 열려. 우리 꼬맹이들한테 돈 많이 버는 법을 가르쳐 주겠대."
거스가 말했어요.
윌포드 위긴스는 고등학교 중퇴자였어요. 어찌나 게으르던지 아침에 일어나는 것을 생각만 해도 울렁증이 생긴대요. 태풍이 불어오면 윌포드는 창문을 열고 기다렸어요. 거센 바람에 방 안 쓰레기들을 날려 보내려고요. 그리고 일은 하지 않으면서 온종일 돈 버는 방법을 짜내는 데에 시간을 다 썼어요. 인사이클로피디아는 주변의 친구들이 윌포드의 사기에 말려들지 않도록 하느라 바빴어요.

"윌포드가 이번엔 무얼 파는데?"

인사이클로피디아가 물었어요.

"말 안 해 줬어. 하지만 큰 거랬어. 믿어야 할 것 같은 예감이 들어."

거스가 말했어요.

"윌포드를 믿느니 차라리 코끼리가 땅콩을 가져다준다고 믿겠다."

인사이클로피디아가 말했어요.

"오늘은 아마 다를 거야."

거스가 말했어요.

"나한테는 아무 말도 안 했어."

인사이클로피디아가 말했어요.

"지금까지 윌포드가 생각해 낸 벼락부자 되기를 네가 수도

없이 망쳐 놓았잖아. 그래서 너를 데려가려고 하는 거야, 윌포드가 옛 버릇을 못 버렸을까 봐. 알잖아, 달콤한 말을 하고 등을 두드려 주는 거.”

거스가 말했어요.

“윌포드가 등을 두드려 줄 때는 네 호주머니를 털려는 거야. 자, 가자.”

인사이클로피디아가 말했어요.

둘은 자전거를 타고 시립 쓰레기장으로 갔어요. 쓰레기장에는 한 무리의 아이들이 윌포드를 에워싸고 있었어요. 윌포드는 낡은 나무 탁자 위에 서 있었는데, 그 모습이 무척 당당해 보였어요.

“너희를 여기로 오라고 한 것은 참견 좋아하는 어른들에게 내 비밀 계획을 뺏기고 싶지 않아서야.”

윌포드가 연설을 시작했어요.

“냄새 때문에 괴롭다는 거 알아. 하지만 너희들 모두 내가 하는 말을 듣고 집으로 돌아갈 때는 달콤한 향기를 맡으며 가게 될 거야.”

벅스 미니가 아이들을 밀치고 앞으로 나갔어요.

"난 돈 냄새 말고 다른 향기는 기대 안 해."

"그래, 가장 달콤한 향기지."

윌포드가 씩 웃으며 맞장구를 쳤어요.

"좋아, 가까이들 와. 너희들 모두 들었지, 지난주에 디트로이트에서 있었던 현금 수송 트럭 강탈 사건?"

아이들이 고개를 저었어요.

"너희들은 신문도 안 읽어?"

윌포드가 잔소리를 했어요.

"한 권총 강도가 백만 달러의 현금을 강탈해서 내뺐다는 거 아니겠어!"

"그런데 그 돈이 도시락 가방에 들어 있더란 말이지."

벅스가 비꼬았어요.

"그렇지는 않아. 하지만 어디에 있는지를 내가 알지."

윌포드가 말했어요.

"그럼 말해 줘."

아이들이 여기저기서 한꺼번에 소리쳤어요.

"해 줄 테니 조르지 마."

조용히 하라는 의미로 한 손을 들어 올리며 윌포드가 말했어요.

"어제 내 친구 짐 베이커가 글렌 시에서 아이다빌 행 버스를 타는데 정류장 확성기에서 안내 방송이 나오더래. 디트로이트 현금 수송 트럭 강도가 아이다빌로 잠입했거나 그 주변에 있는 것 같으니, 모두들 빨강 머리에 행동이 수상한 사람이 있는지 살펴 달라는 내용이었어."

"그다음 이야기는 빤하군."

벅스가 한심하다는 듯 눈을 굴리며 말했어요.

"짐 베이커가 그 강도를 버스에서 발견했다, 뭐 이거겠지."

"그래, 맞아."

월포드가 침착하게 대답했어요.

"버스가 출발하자 빨강 머리에 갈색 양복을 입은 남자가 통로 건너편 자리에 앉은 금발의 남자에게 이야기를 하더래. 뭐라고 했는지 알아?"

아이들은 잠잠했어요.

월포드가 말을 이었어요.

"빨강 머리 남자가 '확성기 방송 들었어? 다음 정거장에서 난 내려야겠어. 네가 돈을 챙겨 와. 디트로이트의 내 옷장

안에 있어. 공항은 이용하지 마. 차를 빌려. 내 주소 받아.'라고 말했어."

윌포드는 듣는 아이들에게 긴장감이 돌 만큼 뜸을 들인 후 말을 이었어요.

"빨강 머리 남자가 종이에 주소를 적어 친구에게 건네며 그러더래. '주소를 외운 후 종이는 찢어 버려.'"

윌포드가 종이 한 장을 꺼내 들었어요. 찢어진 조각들을 테이프로 붙여 놓은 자국이 선명했어요.

"이것이 바로 훔친 돈을 보관해 둔 곳의 주소야!"

윌포드가 외쳤어요.

"금발의 남자가 버스를 내린 후 짐이 버스 바닥에서 주운 거지."

윌포드는 조심스럽게 종이를 접어 주머니에 다시 넣었어요.

"금발의 남자보다 먼저 디트로이트에 가야 해. 디트로이트 경찰에 전화할 생각은 없어. 엄청난 보상금이 걸려 있는데 내 눈으로 직접 확인해야지!"

"그래서 우리한테 비행기 표 살 돈을 내라? 얼마면 돼?"

벅스가 말했어요.

"비행기 표 값만 해도 200달러가 넘는데 지금 난 돈이 하나도 없어. 내가 한 가지는 확실히 보장할게. 나한테 10달러를 주면 100달러로 돌려주겠어."

"그렇게는 안 되지."

벅스가 투덜거렸어요.

"버스에 있던 다른 사람들은 왜 빨강 머리 남자의 말을 못 들었는데?"

"너무 소란스러워서 못 들었거나 아니면 속삭이는 말이라 못 들었겠지. 짐도 들은 게 아냐. 짐은 날 때부터 청각 장애인이라 못 들어. 입술을 읽은 거야."

윌포드가 말했어요.

"돈은 디트로이트에 있다면서 강도는 왜 여기서 얼쩡거린 거야?"

거스가 물었어요.

"경찰이 도난 지폐의 일련번호를 알고 있어. 그래서 강도는 이쪽 동부에서 돈의 일부를 사용해서 경찰에게 강도가 유럽으로 나가려는 것처럼 보이려고 했을 거야. 그러고는 되돌아서 서부 로스앤젤레스로 간 것 같아. 영리한 거지!"

윌포드가 말했어요.

"윌포드다워!"

인사이클로피디아가 거스에게 속삭였어요.

"하지만 아직 멀었어. 한 푼도 주지 마!"

인사이클로피디아는 왜 한 푼도 주지 말라고 했을까요?

◐ 73쪽에 해결이 있어요.

과 학 솔 루 션

태풍이란 무엇인가요?

태풍의 발생 원인과 종류

태풍이 불어오면 윌 포드는 창문을 열고 기다렸어요. 거센 바람에 방 안 쓰레기들을 날려 보내려고요.

여러분은 얼마 전 우리나라에 태풍이 불어와 큰 피해를 준 것을 기억하고 있을 것입니다. 이와 같이 태풍은 자연이 만든 것 중에서 우리에게 가장 큰 피해를 주는 자연 현상 중의 하나입니다. 지금부터 태풍에 대하여 좀 더 자세히 알아볼까요?

태풍은 일반적으로 열대 저기압이라고 불리며 해수의 온도가 보통 26℃ 이상이고 공기의 움직임이 비교적 많은 위도 5° 정도의 해상에서 발생합니다. 태풍의 가장 큰 에너지원은 수증기입니다. 이러한 수증기가 지속적으로 유입되면서 태풍은 그 힘이 커지게 되는 것이지요. 최근에 우리나라에 영향을 주는 태풍이 예년에 비하여 강해지는 원인 중의 하나가 해수의 온도가 높아서 지속적으로 수증기를 제공해 주기 때문이라고 합니다.

이번에는 태풍의 구조에 대하여 살펴봅시다. 태풍을 위에서 내려다보면 가운데 중심을 기준으로 나선형의 구름을 이룬다는 것을 확인할 수 있습니다. 주변에서 습기를 흡수한 공기는 위로 올라가고, 다시 건조해진 공기는 아래로 내려오는 순환이 일어나고 있지요. 태풍의 가운데 중심부는 두껍고 높은 구름대가 있으나 맑게 개어 있는 곳이 보이는데 이것이 바로 태풍의 눈입니다. 태풍의 눈은 조금씩 다르지만 큰 것은 지름이 30~50킬로미터에 이르고 하강 기류가 발생하고 있습니다. 또, 보통 태풍의 등압선은 원형이며 중심 부근에는 기압이 급격히 낮아지지요. 아울러 태풍과 함께 발생하는 바람은 태풍의 눈 주변에서 최대풍속을 나타내기도 합니다.

태풍이 움직이는 방향은 일정하기는 하지만 조금씩 움직이지요. 보통 북쪽으로 이동해 북위 20~30° 부근에서 점차로 북동쪽으로 움직이는 경향이 있지요. 따라서 포물선을 그리면서 휘어지는 것이 가장 일반적입니다. 하지만 다양한 원인에 의하여 지그재그 형태로 움직이거나 그대로 북쪽으로 진행하는 경우도 있지요. 또, 태풍이 움직일 때는 오른쪽이 더 위험하다고 합니다. 그 이유는 오른쪽으로 태풍이 움직이면서 편서풍과 합세하여 더욱 강한 바람이 불기 때문입니다. 따라서 태풍이

태풍의 구조

올라올 때 선박은 왼쪽으로 피하는 것이 안전합니다.

태풍은 우리 사람의 힘으로는 막을 수 없기 때문에 그 피해를 줄이는 것이 중요하지요. 그러기 위해서는 태풍의 특성에 대하여 잘 알고 있어야 합니다.

재미있는 과학 상식 : : : 태풍의 또 다른 이름

지구상에서 발생하는 열대 저기압을 태풍이라고 부릅니다. 이러한 열대 저기압은 발생하는 지역에 따라 그 이름이 다르지요. 우리나라와 동아시아에 영향을 주는 '태풍'은 주로 북태평양 서쪽에서 발생합니다. 인도양 남쪽에서 발생하는 경우에는 '윌리윌리'라고 불리며, 벵골만이나 아라비아 해에서 발생하는 경우에는 '사이클론'이라고 불리지요. 또, 대서양과 북태평양 동쪽에서 발생하여 미국과 캐나다에 영향을 주는 경우에는 '허리케인'이라고 부릅니다. 이처럼 열대 저기압은 발생하는 지역에 따라 그 이름이 각기 다르답니다.

정답
태풍은 아주 강력한 바람과 비를 동반하고 있어서 우리에게 큰 피해를 주는 존재입니다. 태풍은 열대 저기압으로 주로 낮은 위도에서 발생하여 점차로 북쪽으로 상승하면서 주변 나라에 영향을 주고 있지요. 무엇보다 태풍으로 인하여 많은 재산과 인명의 피해가 발생하고 있기 때문에 그 피해를 줄이는 것이 중요합니다.

거짓 보상금의 함정 편

월포드는 신문에서 현금 수송 트럭 강탈 사건을 읽었다. 그 사건을 이용해 아이들의 돈을 슬쩍 손에 넣으려는 속셈으로 이야기를 꾸며 냈다.

버스 정류장에 있던 확성기에서 사람들에게 빨강 머리의 강도가 있는지 살펴 달라는 방송이 나왔고, 그 후 짐은 버스에서 빨강 머리의 강도를 발견했다. 이야기는 그럴 듯했지만 앞뒤가 맞지 않았다. 확성기의 방송을 들을 수 있어야 빨강 머리의 남자가 현금 탈취 강도라고 알았을 텐데, 짐은 확성기의 방송을 들을 수 없는 청각 장애인이라고 하지 않았던가!

인사이클로피디아 때문에 월포드는 아이들에게서 한 푼도 얻어 내지 못했다.

여름 축제 입장권을 찾아라!

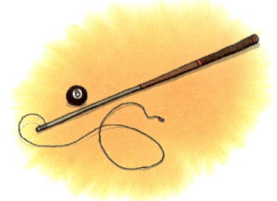

"전화한 사람이 누구야?"

샐리가 차고로 들어오는 탐정에게 물었어요.

"피니즈 코울. 제일 교회 여름 축제에서 이를 뽑고 있대. 우리에게 지금 당장 와 달라는데?"

탐정이 대답했어요.

"엉뚱한 이를 뽑았대?"

샐리가 걱정스럽게 물었어요.

"그건 아닌데, 문제가 있나 봐. 만나면 이야기해 주겠대."

두 탐정은 사설탐정소를 닫은 후 자전거를 타고 교회로 향했어요. 축제는 교회의 뒤뜰에서 열리고 있었어요. 아이들과 그 부모들이 줄지어 늘어선 천막들과 칸막이 시설들을 돌아다니며 이런저런 놀이들을 체험해 보고 있었어요.

"저기 피니즈가 있다."

인사이클로피디아가 당구대가 놓인 칸을 가리켰어요. 위에는 이렇게 적힌 안내판이 걸려 있었지요.

직접 이를 뽑고 상품을 타 가세요. 입장권 2장

"빨리 와 줘서 고마워."

피니즈가 두 탐정을 반겼어요.

"뭔가 안 좋은 일이 일어나고 있어."

피니즈가 하던 이야기를 멈추고 손님을 맞았어요. 한 작은 여자아이가 쭈뼛거리며 당구대로 다가왔어요. 여자아이는 피니즈에게 입장권 2장을 말없이 내밀고 자신의 흔들리는 이를 손으로 만졌어요.

"겁먹지 마. 아프지 않을 거야."

피니즈는 여자아이를 안심시키며 재빨리 흔들리는 이를 실로 묶어 주었어요. 그리고 그 끝을 당구 스틱 끝에 묶었어요.

당구대의 한가운데에 검정 공을 놓은 후 여자아이에게 당구 스틱과 흰 공을 주었어요.

"흰 공으로 검정 공을 맞춰 봐. 당구대 포켓은 네가 정해. 만약 검정 공을 그 포켓으로 굴려 넣으면 상품을 받게 돼."

피니즈가 설명을 했어요.

여자아이는 검정 공을 겨냥해 흰 공을 놓으며 말했어요.

"저 모퉁이 포켓으로 할래."

여자아이는 당구 스틱을 단단히 쥐었어요. 그러나 당구공을 치기 바로 직전에 여자아이는 두 눈을 질끈 감아 버렸어요. 당구 스틱이 앞으로 쏘듯이 나가며 이가 뽑혔어요. 하지만 흰 공은 검정 공과는 전혀 다른 방향으로 거칠게 튕겨 나갔어요.

피니즈가 뽑힌 이에서 실을 풀고 이를 종이에 싸서 여자아이에게 건넸어요.

"네 사업을 보여 주려고 우리를 여기 오라고 한 건 아닐 테고. 잘못 된 게 뭐니?"

인사이클로피디아가 물었어요.

"벅스 미니야. 작년 축제 때 벅스가 한 짓 기억나?"

피니즈가 말했어요.

인사이클로피디아는 작년 일이 떠올랐어요. 피니즈의 칸 옆에 자리를 잡은 벅스가 알약을 한 개당 10센트를 받고 팔았지요. 알약은 의사놀이 세트에 들어 있는 아스피린 사탕일 뿐이었지만 벅스는 진통제라고 했어요.

"통증 걱정이 없게 되자 거의 모든 아이들이 공을 제대로 맞췄어."

피니즈가 기억을 떠올렸어요.

"세 시간 만에 내 칸의 상품들이 동이 나 버렸어. 벅스의 칸으로는 나중에야 몰렸는데, 다음 해에 나한테 꼭 복수해 주겠다고 험한 말을 해댔어."

"벅스는 그림자도 안 보이는데?"

샐리가 말했어요.

"안 보일 거야. 벅스는 호랑이 패거리의 새 회원 입회식을 진행하고 있어. 들리는 말로는 새 회원에게 오늘 시험을 치르게 한다는 거야. 그 아이가 들키지 않고 나한테 어떤 짓을 하고 나면 호랑이 패거리로 받아들인다는 거지. 그 아이가 누구인지는 아무도 몰라."

피니즈가 말했어요.

그때, 칸막이 시설들과 천막들 사이로 아이들의 가장행렬이 오고 있었어요.

"가장행렬은 오늘 밤 있을 장기 자랑을 선전하려는 거야."

피니즈가 말했어요.

"시험 공연을 위해 강당까지 행진해 가는 중이야. 물론, 준비가 부족한 아이들도 있고, 객석을 보고 무대 공포증이 생겨서 못하겠다는 아이들도 있을 테지."

"무슨 말인지 이해가 안 돼."

인사이클로피디아가 말했어요.

"자세히 봐."

인사이클로피디아는 피니즈의 말대로 주의를 기울여서 보았어요. 이중창을 부를 앤과 윌리 홀스트롬은 다리를 절룩이고 있었고 괴성 지르기를 할 테드 카터는 왼팔에 삼각 붕대를 대고 있었어요. 마술을 할 행크 이브스는 팔꿈치 위로 길게 긁힌 상처가 있었지요.

"다들 왜 저렇게 됐어?"

인사이클로피디아가 놀라 물었어요.

"천막 때문에."

피니즈의 설명에 의하면, 아이들은 가장행렬을 시작하기 전에 본부 천막에 모여 있었대요. 그런데 중앙에 서 있는 기둥이 갑자기 기울어지더니 천막이 무너져 버렸대요. 간호사가 와서 응급 처치를 했고, 다행히 크게 다친 사람은 없었대요.

"호랑이 패거리에 들어가려는 그 아이의 짓일 거야. 안 봐도 뻔해!"

샐리가 말했어요.

"하지만 천막 무너뜨리는 것이 벅스의 복수랑 어떻게 연결이 돼?"

피니즈가 물었어요.

"천막이 무너지는 걸 보고 도와주려고 달려갔어. 돌아와서 보니 없어진 것도 없고. 내가 전화한 것은 돌다리도 두드려 보려고 한 거야."

"피니즈!"

축제 위원장인 가르시아 부인이었어요.

"본부 천막이 무너지는 북새통에 축제 입장권 한 묶음이 사라졌단다. 방금 전에 전화가 한 통 왔는데, 이름은 밝히지 않았지만 네가 그 입장권 묶음을 훔쳐서 당구대에 숨겨 놓았다는구나."

가르시아 위원장이 말했어요.

"말도 안 돼요. 직접 보세요."

피니즈가 말했어요.

"그럴 생각이다."

가르시아 위원장이 단호하게 말했어요. 위원장은 흰 공을 세 군데 포켓 속으로 떨어뜨렸어요. 떨어뜨릴 때마다 공은 당구대 밑의 통로를 따라 맨 끝에 놓인 통으로 굴러 나왔어요.

가르시아 위원장이 공을 네 번째 포켓 속으로 떨어뜨렸어요. 공이 굴러가는 소리가 들리더니 갑자기 멈췄어요. 가르시아 위원장은 포켓 속으로 손을 집어넣어 공을 꺼냈어요. 그런 다음 다시 손을 집어넣어 공을 가로막은 것을 꺼냈어요. 입장권 묶음이었지요!

"가르시아 위원장님, 피니즈는 입장권을 훔치지 않았어요. 그리고 누가 그랬는지 짐작이 가요."

인사이클로피디아가 말했어요.

누가 입장권을 훔쳐 갔을까요? ◐ 85쪽에 해결이 있어요.

과 학 솔 루 션

진통제란 무엇인가요?

진통제의 성분과 효능

알약은 의사놀이 세트에 들어 있는 아스피린 사탕일 뿐이었지만 벅스는 진통제라고 했어요.

여러분은 머리가 아프거나 몸에서 열이 날 때 어떻게 하나요? 보통 병원에 가서 진료를 받고 약국에 가서 약을 받게 될 것입니다. 약을 먹으면 머리가 아픈 것도 사라지고 몸에서 나는 열도 내리게 되지요. 이렇게 우리가 아플 때 통증을 없애 주는 약물을 진통제라고 합니다. 이러한 진통제는 우리에게 꼭 필요한 것 중의 하나이지요. 지금부터 진통제에 대하여 알아볼까요?

통증과 열을 없애기 위한 진통제가 사용되었다는 기록은 아주 오래전에 있었습니다. 고대 서양 의학자인 히포크라테스는 버드나무 껍질을 이용하여 열을 내리는 데 사용했다는 기록이 있지요. 그 후 1897년 독일의 호프만이라는 과학자가 버드나무 껍질에서 추출한 살리실산을 아세트산과 반응하여 아스피린이라는 해열 진통제를 만들게 되었습니다. 이 아스피린이 진통제의 기원이라고 할 수 있으며 지금은 아세트아미노펜과 같은 여러 종류의 진통제가 사용되고 있지요.

버드나무

진통제를 크게 나누면 마약성 진통제와 비마약성 진통제로 나눌 수가 있습니다. 마약성 진통제란 진통 효과를 나타내지만 중독성이 있어서 문제가 되는 진통제를 말하지요. 가장 대표적인 것이 모르핀, 코카인, 헤로인 등이 있습니다. 비마약성 진통제란 진통 효과가 있으며 중독성이 없어 안전하게 사용할 수 있는 진통제입니다. 가장 대표적인 것이 앞에서 말했던 아스피린, 바르거나 붙이는 파스의 주성분인 살리실산메틸, 아세트아미노펜 등이 있지요.

그렇다면 중독성이 없는 진통제인 비마약성 진통제는 과연 안전할까요? 우리가 많이 복용하고 있는 아스피린이나 아세트아미노펜은 비마약성 진통제입니다. 하지만 이 진통제들도 부작용을 가지고 있지요.

아스피린의 화학 구조

아세트아미노펜의 화학 구조

과학 솔루션

아스피린의 경우 수두나 유행성 감기에 걸린 사람의 경우에는 위험할 수도 있으므로 유의해야 합니다. 아세트아미노펜의 경우도 간의 손상을 가져올 수 있어 술을 자주 마시는 사람이나 간질환이 있는 경우 유의해야 합니다. 반드시 의사나 약사와 상담을 한 후 복용해야 하지요.

비록 진통제는 우리에게 꼭 필요한 의약품이지만 정확하게 알고 복용해야 합니다. 그렇지 않으면 또 다른 부작용을 일으킬 수도 있기 때문이지요.

재미있는 과학 상식 : : : 마약성 진통제의 위험성

우리가 통증을 없애려고 복용하는 대표적인 진통제 중에는 마약성 진통제가 있습니다. 이런 마약성 진통제가 위험한 이유는 중독성뿐만 아니라 정신 혼동이나 착란 증세를 유발할 수 있으며, 심할 경우에는 사망에 이를 수 있기 때문이지요. 그중에서 아편, 대마초, 헤로인 등은 향정신성 물질인 마약으로 분류되어 사용이 엄격하게 제한되고 있습니다.

정답

우리는 몸이 아프거나 통증이 있을 때 진통제를 먹거나 바릅니다. 이러한 진통제는 말 그대로 통증을 줄이는 약물을 말하지요. 가장 대표적인 진통제 중의 하나가 바로 아스피린입니다. 이 약물은 지금 전 세계적으로 가장 많이 복용되는 해열 진통제로 '아세틸살리실산'이라는 성분을 사용하지요. 이처럼 진통제는 우리에게 꼭 필요한 대표적인 약물이랍니다.

여름 축제 입장권을 찾아라! 편

입장권을 훔친 사람은 마술을 하는 행크 아이브스다. 행크는 본부 천막에서 기둥을 밀어 소동을 일으킨 후 그 북새통에 입장권 묶음을 훔쳤다. 피니즈가 도우려고 자기 칸을 비워 두고 달려오자 행크는 훔친 입장권 묶음을 당구대에 숨겼다. 행크는 장기자랑 쇼에 참가할 의도가 없었다. 아니 할 수가 없었다. 그래서 무대 공포증이 있다고 핑계를 대고는 자기 순서가 오기 전에 그만두려고 했다. 인사이클로피디아만 없었다면 피니즈에게 누명을 씌우고 빠져나올 수 있었을 것이다. 탐정은 가장행렬 속의 행크를 눈여겨보았다. 모든 마술사들은 소매에서 뭔가를 꺼낼 수 있도록 긴팔을 입는다. 하지만 행크는 짧은 소매를 입고 있었다!

여자 유격수의 비밀

 브라운 사설탐정소로 짧은 금발 머리의 여자아이가 들어섰어요. 잔뜩 화가 난 얼굴이었어요.
 "남자아이들은 밥맛 없어!"
 "말도 안 돼. 아주 좋은 아이들도 있어."
 샐리가 말했어요.
 "야구를 하는 한 아니야."
 여자아이가 말했어요.
 여자아이는 25센트를 공중으로 던져 등 뒤로 받았어요. 그리고 휘발유 통 위에 탁하고 놓았어요.
 "난 너에게 도움을 받으려고 글렌 시에서 왔어. 내가 여자아이인 걸 알아낸 사람이 누구인지 밝혀 줘."
여자아이가 말했어요.
"엉?"
어안이 벙벙해 있던 인사이클로피디아는 갑자기 낚시를 가지 않은 것이 후회되었어요.
여자아이의 사정은 이러했어요. 이름은 에드위나 실버스타인, 나이는 아홉 살, 집은 글렌 시에 있어요. 어젯밤까지만 해도 소년 야구 팀의 유격수였대요.
"등록은 에드 실버스타인으로 했어. 대부분의 남자아이들보다 머리를 더 짧게 깎은 덕분에 야구복을 입고 선글라스를 끼면 아무도 날 여자아이로 알아보지 못했어."
에드위나가 말했어요.
"그런데 누군가 알아챘단 말이구나."
인사이클로피디아가 에드위나의 말을 받았어요.
"어제 경기가 끝나고 팀원 하나가 우리 집까지 나를 따라왔어. 치마로 갈아입은 후에야, 그 애가 부엌 창문으로 들여다보고 있었다는 걸 알았어."
에드위나가 말했어요.

"그 치마 때문에 팀에서 쫓겨났구나."

샐리가 끼어들었어요.

"두 시간 뒤에 파디 코치님이 전화를 했는데, 안됐지만 팀에서 더 이상 뛸 수 없댔어. 팀 규칙상 여자아이는 안 된다고."

에드위나가 말했어요.

"기웃거린 애가 누군지를 모른단 말이야?"

인사이클로피디아가 물었어요.

"너무 어두웠어. 게다가 야구복을 입고 선글라스를 끼고 있었어. 팀원 전부가 야구복에다 선글라스를 끼는데, 그런 상태에서는 누가 누군지 구분하기 힘들어."

에드위나가 말하며 주머니에서 선글라스를 꺼냈어요.

"내가 쫓아갔더니 그 애가 도망가다가 울타리 근처에서 발이 걸려 넘어졌어. 그때 선글라스가 벗겨져 떨어졌는데 그 애는 도망치느라 못 주워 갔어."

인사이클로피디아는 선글라스를 살펴보았어요. 오른쪽 귀에 걸리는 안경다리 부분이 살짝 밖으로 휘어져 있었어요.

"그 애가 넘어질 때 구부러졌나 보다."

샐리가 말했어요.

"흠집이나 긁힌 데가 없어."

인사이클로피디아가 말했어요.

"그러니 안경테는 그 애가 넘어지기 전에 휜 거야."

"에드위나 팀의 다음 경기에 가 봐야겠네. 선글라스가 없는 애를 찾으면 끝나네."

샐리가 말했어요.

인사이클로피디아가 고개를 저었어요.

"이런 선글라스는 편의점에서 얼마든지 살 수 있어. 그 애는 다음 경기에 새로 산 선글라스를 끼고 나올 거라고."

그리고 에드위나에게 선글라스를 되돌려주며 덧붙였어요.

"그래도, 경기를 본다고 손해나지는 않을 거야."

돌아오는 금요일에 두 탐정은 글렌 시로 가는 버스를 탔어요. 정류장에서 기다리고 있던 에드위나가 두 탐정을 야구 경기장으로 안내했어요.

에드위나가 속했던 불독 팀이 막 1회 초 공격을 끝날 때 셋은 응원석에 자리를 잡았어요.

"선글라스를 끼지 않은 애가 있다!"

샐리가 흥분하며 한 곳을 가리켰어요.

"저 애는 포수야. 포수는 선글라스 안 껴. 대신 안면 보호구를 써."

에드위나가 설명해 주었어요.

"정말? 한순간에 사건을 푸는 줄 알았네."

실망한 얼굴로 샐리가 말했어요.

상대편 호크 팀의 첫 번째 타자가 친 공이 유격수의 다리 사이로 빠져나갔어요.

"힘든 공이었어, 봅!"

에드위나가 소리쳤어요.

에드위나는 소리를 낮춰 말했어요.

"봅이 안됐어. 작년에 주장이면서 고정 유격수였는데, 나한테 밀려나 좌익수로 옮겼어. 실력이 좀 녹슬었나 봐."

"질투심, 바로 그거야."

샐리가 말을 잘랐어요.

"인사이클로피디아, 봅이 우리가 찾는 아이야. 자기 포지션을 되찾으려고 에드위나를 염탐했던 거야."

인사이클로피디아가 미처 대답도 하기 전에 호크 팀의 다음

타자가 홈런을 쳤어요.

"힘내, 워렌! 잘할 수 있어!"

에드위나가 투수를 향해 소리쳤어요.

그러나 워렌은 형편없었어요. 던지는 족족 타자들에게 얻어맞거나 타자들의 팔다리를 맞췄으니까요. 무려 6점을 내주었지요.

"불독 팀은 투수를 교체해야 돼."

인사이클로피디아가 말했어요.

에드위나는 한숨을 내쉬었어요.

"워렌 이후의 투수들은 더 형편없어."

샐리가 말했어요.

"워렌에게 너무 심하게 하지 마. 우리 팀의 최고 투수 둘이 지난주에 부상을 입기 전까지는 워렌은 벤치를 지켰어. 파디 코치님이 워렌더러 투수를 하라고 했어. 우리 팀 유일의 왼손잡이거든."

에드위나가 말했어요.

에드위나는 불독 팀 벤치에 앉아 있는 두 남자아이를 가리켰어요. 둘은 야구복이 아닌 평상복을 입고 있었어요. 한 아이는 오른팔에 삼각 붕대를 두르고 있었어요. 다른 아이는 오른발에 깁스를 하고 있었고요. 둘 다 선글라스를 끼고 있었어요.

"데이브는 지난번 경기가 끝나고 집으로 가는 길에 발이 부러졌어. 필은 그 다음날 침대에서 굴러떨어져 팔을 삐었어."

에드위나가 말했어요.

"거짓말일 수도 있잖아."

샐리가 말했어요.

"둘 중 하나는 에드위나 집의 울타리 옆에서 넘어져 다쳤을 수도 있잖아. 아휴, 인사이클로피디아, 도대체 누가 범인인 거야? 도대체 알 수가 있어야지."

"난 알아."

탐정이 말했어요.

"범인은……."

인사이클로피디아가 지목한 범인은 누구일까요?

◯ 97쪽에 해결이 있어요.

과 학 솔 루 션

선글라스의 기능은 무엇인가요?

선글라스에 대하여

"너무 어두웠어. 게다가 야구복을 입고 선글라스를 끼고 있었어. 팀원 전부가 야구복에다 선글라스를 끼는데, 그런 상태에서는 누가 누군지 구분하기 힘들어."

여러분은 뜨거운 여름철에 태양을 피하기 위해 멋진 선글라스를 쓴 적이 있을 것입니다. 예전에는 그 수요가 그렇게 많지 않았지만 요즘은 다양한 기능과 모양을 가진 선글라스가 많지요. 무엇보다 선글라스는 운전을 하는 사람들에게는 햇빛으로부터 눈부심을 방지하는 데 도움을 주어 거의 필수품처럼 사용되고 있습니다. 먼저 선글라스를 착용하는 이유에 대하여 알아볼까요?

선글라스를 착용하는 가장 큰 이유는 눈에 들어오는 해로운 자외선을 차단하는 것이 가장 큰 목적입니다. 아울러 눈을 부시게 하는 가시광선의 양을 줄여 주어 눈부심이 덜하게 하기 위함이지요. 하지만 여기에서 유의해야 할 것은 선글라스의 색상입니다. 보통 선글라스는 어두운 색으로 되어 있는 것이 일반적이지요. 그러나 여기에서 중요한 것은 우리 눈에 해로운 자외선과 가시광선의 입사량을 줄이는 것이 관건입니다. 결국 우수한 선글라스일수록 눈의 피로를 덜어주고 자외선 방지 효과가 뛰어납니다.

이러한 자외선이 우리 눈에 좋지 않는 것은 무엇 때문일까요? 자외선은 투과력이 좋아 우리 눈에 비칠 경우 각막과 수정체를 지나 망막에까지 도달할 수 있습니다. 이 과정에서 수정체의 변형을 일으켜서 백내장을 유발할 수도 있고, 망막까지 도달하면 실명을 일으키는 황반변성이나 망막 질환을 일으킬 수 있으므로 매우 위험합니다. 또, 오랫동안 자외선에 노출되면 일시적인 화상에 의한 광각막염이 생길 수답니다.

선글라스의 색상은 다양하지만 가장 대표적인 색상이 회색, 갈색(브라운), 푸른색(그린)입니다. 여기에서 가장 많이 사용되는 것이 갈색으로 무엇보다 자외선 차단율이 높기 때문입니다. 또, 회색은 운전할 때

회색　　　　　갈색　　　　　푸른색

선글라스의 색상

과학 솔루션

착용하는 것이 좋으며 주로 햇빛이 강한 낮 시간대에 착용하면 좋지요. 푸른색은 날씨가 흐린 날이나 일몰 시간대에 착용하면 좋으며 무엇보다 눈의 피로도를 최소화할 수 있어 좋다고 합니다.

특히 외출할 때 멋을 내려는 목적보다 눈을 보호할 목적으로 선글라스를 준비하는 것은 어떨까요? 아울러 너무 값이 싼 것을 고르는 것보다는 안경 전문점에서 상담을 한 후 자신의 눈에 맞는 선글라스를 고르는 중요하지요.

사건을 해결하는 데 도움을 준 과학 지식은 무엇일까?

보통 오른손잡이들은 오른손을 많이 사용하고 왼손잡이들은 왼손을 더 많이 사용하지요. 여기에서는 선글라스가 힌트입니다. 선글라스의 다리에서 오른쪽 귀에 걸리는 쪽이 밖으로 휘어져 있었지요. 이것은 왼손으로 안경을 벗어서 그렇게 된 것입니다. 다시 말해 왼손을 주로 사용하는 왼손잡이의 것이라는 증거이지요. 그런데 이 팀의 왼손잡이는 워렌뿐입니다. 결국 워렌은 에드위나가 여자라는 것을 코치에게 이른 범인이지요.

> **정답**
> 선글라스는 강렬한 햇빛에 의하여 눈을 보호하기 위하여 작용하는 색깔 있는 안경을 말합니다. 보통의 선글라스는 니켈, 크롬 등의 산화물로 색깔을 낸 유리로 되어 있는 것이 일반적이지요. 하지만 때로는 편광 유리로 된 안경도 있지요. 이렇듯 선글라스는 햇빛으로부터 눈을 보호하기 위한 것입니다.

사건의 해결 — 여자 유격수의 비밀 편

에드위나가 발견한 선글라스에는 흠집이 없었다. 하지만 오른쪽 귀에 걸리는 안경다리 부분이 밖으로 휘어져 있었다. 그래서 인사이클로피디아는 선글라스 주인이 왼손잡이라는 걸 알았다. 안경을 벗을 때면 왼손으로 벗어서 오른쪽 안경다리가 귀에 걸려 밖으로 휘어지게 되었을 테니까. 안경을 낀 사람이 오른손잡이라면 반대로 왼쪽 안경다리가 바깥쪽으로 휘게 된다. 결국 팀에 여자아이가 있는 걸 원치 않았던 사람은 왼손잡이다. 기억나는가, 팀의 유일한 왼손잡이는 워렌뿐이었다!

경기 후에 다시 보았을 때 워렌은 코피를 흘리고 있었다.

"자백했어."

에드위나가 만족스러운 듯 말했다.

방울뱀 꼬리를 누가 훔쳤나?

일요일 오후, 인사이클로피디아와 샐리는 어린이를 위해 '만져 보고 느끼고'라는 제목으로 과학박물관에서 열리는 전시회를 보러 갔어요. 전시대 위에는 조개껍데기와 동물의 뼈, 작은 동물 인형들과 물고기 인형들이 놓여 있었어요.

인사이클로피디아가 방울뱀을 만져 보고 있는데 체스터 젠킨스가 뒤뚱거리며 다가왔어요.

"지금 몇 시야?"

체스터가 물었어요.

"2시 반."

인사이클로피디아가 대답했어요.

"여기서 기다려야지. 3시에 체리 과일 펀치와 초콜릿 케이크가 나와. 내가 체리 과일 주스를 제일 좋아하잖아."

체스터가 말했어요.

"너한테도 특별히 좋아하는 것이 있는 줄은 몰랐네."

인사이클로피디아가 혼잣말 하듯 중얼거렸어요.

체스터는 인사이클로피디아가 아는 한 가장 친절한 아이들 가운데 한 명이었지요. 몸이 가장 통통한 친구이기도 했고요. 한번은 점심을 먹은 후 일어나려다 그만 넘어졌는데 그대로 잠들어 버린 일도 있었어요.

"그걸 먹으려고 왔단 말이야?"

샐리가 놀라며 물었어요.

체스터가 배를 쑥 집어넣었어요.

"난 자원봉사 경비원이야."

체스터가 자랑스럽게 말했어요.

"전시물을 보호하고 꼬맹이들을 도와주고 있어. 하지만 뭐 좀 먹으러 살짝 갔다 와야 할까 봐. 배가 고파 죽겠어."

"네 구역을 떠나면 안 되잖아."

샐리가 말렸어요.

체스터는 전시회를 지켜보는 일을 계속하고, 인사이클로피디아와 샐리는 관람객이 덜 붐비는 곳으로 갔어요.

둘은 시간이 가는 줄 모르고 있다가 체스터 생각이 나서 시계를 보았어요. 3시 5분 전이었지요. 둘은 서둘러 구내식당으로 갔어요. 다과를 얻기 위해 벌써 아이들이 줄을 서 있었어요. 긴 탁자 위에 과일 주스를 담은 그릇들과 6개의 초콜릿 케이크, 종이 접시와 컵, 포크 들이 놓여 있었어요.

샐리는 다과를 나누어 주는 완다 이모를 발견하고 가서 체스터의 이야기를 했어요.

"지금 당장 못 먹게 되면 손에 잡히는 것은 뭐든 먹으려들 거예요."

완다 이모는 체스터의 사정을 이해하고 초콜릿 케이크를 잘라 첫 조각을 담아 주었어요. 무려 일곱 겹으로 된 케이크였어요.

'여덟 겹이어도 체스터는 눈 깜짝할 사이에 먹어치울 거야.'

인사이클로피디아는 생각했어요.

둘은 케이크 한 조각과 체리 과일 주스 세 컵을 들고 체스터에게 갔어요. 체스터가 좋아하리라 기대하면서 말이지요. 그런데 웬걸요? 체스터는 먹을 걸 보고도 별 반응이 없었어요.

"입맛이 있게 생겼냐? 이것 좀 봐."

체스터가 말했어요.

방울뱀의 꼬리가 사라지고 없었어요. 누군가 가져가 버린 것이었지요.

"누군가 이 전시회를 '만져 보고 느끼고 가져가는 것'으로 알고 있군."

샐리가 어이없어 했어요.

"뭔가 수상한 점이 없었어?"

인사이클로피디아가 물었어요.

"난 구내식당 쪽을 살피느라 못 봤어."

체스터가 풀이 죽은 목소리로 대답했어요. 그러더니 별안간 손가락을 딱! 하고 튕겼어요.

"그래, 기억난다! 초콜릿 케이크와 과일 주스가 나왔을 때 에스먼드 딩글후퍼가 나한테 시간을 물었어."

체스터가 말했어요.

"그때가 몇 시였는데?"

인사이클로피디아가 물었어요.

"3시 15분 전. 에스먼드가 '집에 가야겠군. 지금 안 가면 자동차 경주 중계방송을 놓치겠는걸.' 하고 나갔어. 그러니 에스먼드가 도둑일 리는 없겠지? 에스먼드가 문 쪽으로 걸어갈 때도 방울뱀 꼬리는 그대로 있었거든."

체스터가 말했어요.

"에스먼드는 중학생이면서 어린아이들을 위한 전시회에서 뭘 하고 있었던 거지?"

샐리가 말했어요.

"알아보자고."

인사이클로피디아가 말했어요.

두 탐정이 자전거로 에스먼드의 집에 도착했을 때 에스먼드는 집 앞 잔디밭에서 악취 폭탄을 만들고 있었어요.

"텔레비전에서 하는 자동차 경주 중계를 보고 있을 줄 알았는데."

인사이클로피디아가 말했어요.

"아, 그거. 생각보다 빠르지도 않고, 다치는 사람도 없고, 그래서 밖으로 나왔어."

에스먼드가 말했어요.

"선배는 3시 15분 전에 과학박물관의 전시회에 있었어. 선배가 자리를 뜬 직후 방울뱀의 꼬리가 없어진 게 발견됐어."

샐리가 말했어요.

"그래서?"

에스먼드가 기분 나쁘다는 듯 물었어요.

"찾으러 왔어."

샐리가 말했어요.

에스먼드가 주먹을 흔들어 보이며 위협적으로 말했어요.

"이 주먹에 얻어맞고 싶어?"

인사이클로피디아는 샐리가 긁어 부스럼 만들지 않기를 빌었어요.

"체스터가 지켜보지 않는 사이에 누군가 방울뱀 꼬리를 슬쩍해 갔어."

인사이클로피디아가 조용히 설명했어요.

"체스터? 그러게 그 얼간이는 전시물을 잘 지켜보고 있었어야지."

에스먼드가 말했어요.

"간식 나오는 걸 보고 있었대."

인사이클로피디아가 말했어요.
"잘 들어. 체스터가 나한테 3시 15분 전이라고 알려 줬을 때 과일 주스와 일곱 겹으로 된 초콜릿 케이크가 나오고 있었어. 난 텔레비전을 보려고 곧장 집으로 왔어. 알겠어?"
에스먼드가 말했어요.
"체스터도 그렇게 말했어."
인사이클로피디아가 맞장구를 쳐 주었어요.
"하지만 거짓말하는 버릇이 어디 가겠어?"
샐리가 말했어요.
에스먼드가 허리를 폈어요.
"난 거짓말이라고는 한 적이 없어."
"입술에 침이나 바르고 얘기하시지!"
샐리가 쏘아붙이며 발을 굴렀어요.
"아휴, 범인이라는 걸 증명만 할 수 있다면……!"
"증명할 수 있어."
인사이클로피디아가 말했어요.

인사이클로피디아는 어떻게 증명할 수 있었을까요?

◐ 109쪽에 해결이 있어요.

과 학 솔 루 션

방울뱀은 어떤 동물인가요?

방울뱀에 대하여

인사이클로피디아가 방울뱀을 만져보고 있는데 체스터 젠킨스가 뒤뚱거리며 다가왔어요.
"지금 몇 시야?"
체스터가 물었어요.
"2시 반."

　여러분은 방울뱀에 대해 들어본 적이 있을 거예요. 방울뱀은 무서운 독을 가지고 있는 독사입니다. 재미있는 것은 꼬리에서 방울 소리를 내는 특이한 뱀이라는 것입니다. 지금부터 아주 특이한 뱀인 방울뱀에 대하여 좀 더 자세히 알아볼까요?

　먼저 방울뱀이 어떤 동물인지 살펴봅시다. 방울뱀을 포함한 뱀은 파충류에 속하는 동물입니다. 방울뱀은 파충류 뱀목 살모사과에 속하는 뱀의 한 종류로 보통 크기가 작은 것은 0.6미터에서 큰 것은 2.4미터 정도까지 다양하지요. 몸 색깔은 갈색 또는 회색이며 난태생을 한다고 합니다. 난태생이란 알과 새끼를 모두 낳을 수 있는 경우를 말하며 1회에 5~20마리가 태어난다고 하지요. 사는 장소는 아주 다양해서 습지, 숲, 건조한 사막 지대 등으로 알려져 있습니다.

방울뱀은 다른 뱀이 가지고 있지 않은 특이한 것이 있는데 그것은 바로 꼬리입니다. 이 꼬리의 끝에는 소리를 내는 음향기를 가지고 있어 독특한 방울소리를 내지요. 이 꼬리는 여러 개의 각질 고리로 이어져 있으며, 속이 텅 비어 있어

방울뱀

조금만 움직여도 서로 마찰이 되어 소리를 냅니다. 또, 방울뱀은 날카로운 독니를 가지고 있는 독사로도 알려져 있지요. 두 개의 기다란 독니에서 나오는 독으로 먹이를 물어 마취시킨 후 먹는다고 하지요.

방울뱀의 종류 중 가장 대표적인 것은 미국에 주로 서식하는 동부 다이아몬드 방울뱀과 서부 다이아몬드 방울뱀이지요. 이 방울뱀들을 구분하는 기준은 사는 서식 지역에 따라 나눈 것입니다. 이 방울뱀들은 서로 모양이 비슷한데 등에 다이아몬드 모양의 무늬가 있는 공통점이 있으며 그 크기는 동부의 것이 조금 크다고 합니다. 이들은 주로 밤이나 어두워질 무렵에 활동을 한다고 알려져 있지요.

이처럼 방울뱀은 다른 뱀과는 비교하면 특이한 특징을 가지고 있습니다. 무엇보다 소리를 울리

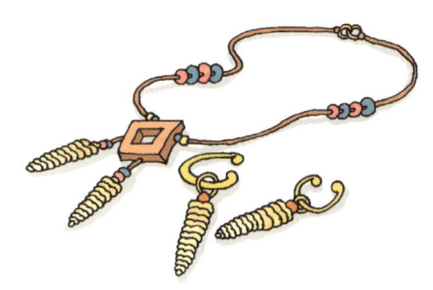

방울뱀 꼬리로 만든 장식품

과학 솔루션

는 꼬리는 방울뱀만이 가지고 있는 것이지요. 하지만 방울뱀은 독사라는 이유로 사람들에게 잡혀 죽기도 합니다. 그렇지만 사람의 관점에서 보다는 자연의 입장에서 방울뱀도 생명이 있는 소중한 존재이니 잘 관리하고 지켜야 한답니다.

재미있는 과학 상식 : : : 방울뱀의 방울 소리

우리는 방울뱀의 방울 소리를 들어서 그 존재를 확인할 수 있습니다. 하지만 정작 방울뱀은 자신이 만든 소리를 듣지 못한다고 하지요. 그 이유는 뱀은 소리를 들을 수 있는 기관인 귀가 없기 때문입니다. 하지만 뱀은 전기 생리학적으로 조사를 해 본 결과 낮은 소리인 150~600Hz(헤르츠 : 1초 동안의 진동 횟수) 정도는 듣는다고 알려져 있지요. 그렇지만 방울뱀이 울리는 소리는 5000~8000Hz 정도의 높은 소리이므로 정작 자신이 들을 수 있는 범위를 벗어납니다.

정답

여러분은 많은 종류의 뱀이 있다는 것을 알고 있을 것입니다. 그중에서도 특이한 소리를 내는 뱀이 있지요. 그것은 바로 방울뱀입니다. 방울뱀은 살모사과에 속하는 뱀으로 꼬리에 방울처럼 생긴 둥근 부위가 있어 여기에서 소리를 내는 뱀입니다. 무엇보다 방울뱀은 독을 가지고 있는 독사이므로 조심해야 합니다. 머리 모양이 넓고 삼각형이며 기다란 두 개의 독니를 가지고 있습니다. 이 독니를 이용하여 쥐나 작은 동물들을 사냥하지요.

방울뱀 꼬리를 누가 훔쳤나? 편

3시 15분 전에 에스먼드는 체스터에게 "집에 가야겠어."라고 말했다. 그러나 인사이클로피디아는 이 말이 에스먼드가 체스터를 속이려고 한 것임을 알았다. 에스먼드는 집으로 가지 않았다. 일단 박물관 밖으로 나갔다가 살짝 다시 들어와 방울뱀 꼬리를 훔쳤던 것이다.

3시 바로 직전에 샐리의 이모 완다가 체스터를 위해 케이크를 잘라 주었다. 첫 번째 조각이었다. 그때 에스먼드는 집에 있어야 할 시간이었다. 그런데도 케이크가 일곱 겹이라는 건 어떻게 알았을까! 완다 이모가 케이크를 잘라서 들어낸 그 첫 조각을 보았던 것이다. 자신이 한 말의 함정에 빠진 에스먼드는 훔쳐 간 방울뱀의 꼬리를 돌려주었다.

가짜 여행가의 실수를 밝혀라!

낯선 남자아이가 브라운 사설탐정소로 들어섰어요. 남자아이는 못 미더운 표정으로 인사이클로피디아를 바라보았어요.

"지구를 걸어서 여행한다면 머리와 다리의 여행거리 차이가 얼마나 될까?"

남자아이가 물었어요.

"네 키와 네가 걷는 곳에 따라 다르지."

인사이클로피디아가 대답했어요.

"키가 6피트고, 2만 5천 마일의 적도를 걸어서 돈다면?"

남자아이가 다시 물었어요.

인사이클로피디아가 종이에 계산을 한 후 대답했어요.

"머리의 여행거리가 발보다 38피트 더 길어."

"맞았어."

남자아이가 말했어요.

"듣던 대로 빈틈이 없군. 이제 안심이 돼. 맡겨도 되겠어."

남자아이는 25센트 동전을 휘발유 통 위에 놓았어요.

"내 이름은 헥터 에임스야. 아이다빌 시 서쪽 지역에 살아. 난 지구에 관심이 아주 많아. 와서 귀 좀 기울여 줘."

"지구에 귀를 기울이라는 거니?"

인사이클로피디아가 물었어요.

"아니, 저스틴 머드의 말에 귀를 기울여 줘."

헥터가 말했어요.

헥터는 아이다빌 소년, 소녀 생태계 클럽의 회장인데, 저스틴이 클럽의 회원으로 가입하고 싶어 한다는 것이었어요.

"우리는 누군가 회원 가입 신청을 하면 승낙 결정을 하기 전에 반드시 면접을 해."

헥터가 말했어요.

"그런데 내가 왜 필요해?"

인사이클로피디아가 물었어요.

"저스틴 말이, 자기는 세계 곳곳을 다녔대. 아프리카까지 다녀왔대. 우리 클럽에 그런 회원이 있으면 했는데, 그 애 말이 참말인지 아닌지를 잘 모르겠어. 그래서 너더러 저스틴이 하는 말을 들어봐 달라고 하는 거야."

헥터가 말했어요.

"그 애 말이 안 믿겨지는 이유라도 있어?"

인사이클로피디아가 물었어요.

"우리 클럽은 단체로 야구 경기를 자주 보러 가는데 때때로 입장료를 안 내도 돼. 우리가 생태 보존 활동을 열심히 하는 덕에 경기를 무료로 관전하는 거지."

헥터가 말했어요.

"알겠다, 그러니까 너는 저스틴이 클럽의 활동보다는 떡고물에 끌려 가입하려는 것은 아닌지 의심스러운 거구나? 내가 알아서 할게."

인사이클로피디아가 말했어요.

둘은 시내를 가로지르는 버스를 타고 헥터의 집으로 함께 갔어요. 그곳에서 인사이클로피디아는 클럽의 임원들과 인사를 나누었어요. 저스틴이 도착하자 모두들 거실에 자리를 잡고 앉았어요. 면접이 시작된 것이었지요.

저스틴은 질문에 답변을 했어요. 헌 신문은 재활용을 위해 모았고, 오염을 막으려고 힘썼다고 했어요. 질문이 몇 분 더 이어졌고 저스틴은 대답을 잘했지요. 마지막으로 클럽의 총무인 매리 다울링이 저스틴의 여행에 대해 물었어요.

"세계 다른 지역들에서 본 야생 동물들 이야기를 들려줘."

헥터가 인사이클로피디아 쪽으로 몸을 기울였어요.

"저스틴이 우리 클럽에 기여할 수 있는 점이 바로 이거야. 우리는 동물 전문가가 필요해."

"내 생각엔 세계의 동물은 다 본 것 같아."

저스틴이 입을 열었어요.

"다른 나라에서는 동물들을 잘 대해 줘?"

스탄 플랫처가 물었어요.

"대개는. 하지만 항상 그런 것은 아니더라. 한번은 멕시코에서 쌈닭을 데리고 있는 사람을 만났는데, 그 쌈닭은 사팔뜨기에 늙고 못생긴 수탉이었어. 아빠한테 그 쌈닭을 사 달라고 했어. 쌈닭 생활에서 놓여나게 해 주고 싶었거든."

저스틴이 말했어요.

아이들이 박수를 쳤어요.

"호랑이는 봤어?"

켄 윌슨이 물었어요.

"응, 벤 삼촌하고 아프리카에 갔을 때 봤어."

저스틴이 대답했어요.

"호랑이가 기린 무리를 덮치는 걸 지켜봤어."

"어유."

럭키 멘켄이 신음소리를 냈어요.

"기린들은 한 마리 빼고 모두들 도망쳤어. 그 한 마리는 땅바닥에 주저앉아 있었는데 아프거나 뭐 그랬겠지. 일어나려고 버둥거리다가 앞다리로 겨우 일어섰을 때 호랑이에게 물려죽고 말았어."

저스틴이 말했어요.

아이들은 몸을 부르르 떨었어요. 잠시 후 다음 질문이 이어졌어요.

"가장 이상한 경험은 뭐였어?"

몰리 빌이 물었어요.

"호주에서였는데, 축제에 갔다가 도둑을 잡았어. 조지라는

이름의 훈련된 캥거루를 가진 오스틴이라는 사람이 있었는데 그 사람은 소매치기였어. 돈을 훔친 후 조지를 이용해서 다음 목적지로 돈을 빼돌렸대."

저스틴이 말했어요.

"네가 그 오스틴이라는 도둑을 어떻게 잡았다는 거야?"

테드 윌스가 물었어요.

"행운이었지, 뭐. 오스틴이 지갑 두 개를 훔쳐 캥거루 조지의 배주머니에 숨기는 걸 우연히 봤거든. 오스틴은 감옥에 갔고, 조지는 암컷 캥거루, 새끼 캥거루랑 좋은 동물원으로 보내졌어."

저스틴이 말했어요.

"야생 동물한테 거의 죽을 뻔했던 적도 있었어?"

빌 코헨이 물었어요.

"말도 마. 아빠랑 서부에서 야영을 하는데, 어느 날 밤 근처 나무에 부엉이가 있는 것을 알았어. 그 부엉이가 글쎄 몸은 꼼짝도 않고 눈만 우리가 움직이는 대로 따라 움직이는 거야. 우리 음식을 훔쳐 가려고 그러는가 보다 했어."

저스틴이 말했어요.

"훔쳐 갔어?"

샘 벤슨이 물었어요.

"아니, 우리 목숨을 구해 줬어. 부엉이가 날아가며 내는 날갯짓 소리를 듣고 아빠가 '뭔가에 놀란 모양이구나.'라고 하셨어. 그리고 총을 가져오셨는데, 덕분에 야영지 곁을 배회하던 퓨마를 쏘아서 쫓아 버렸어."

저스틴이 말했어요.

"와!"

헥터가 인사이클로피디아에게 소곤거렸어요.

"경험해 보지 않은 동물이 없네. 저스틴을 우리 클럽의 회원으로 받아들여야 할까 봐."

"차라리 자줏빛 암소를 회원으로 받겠다."

인사이클로피디아가 말했어요.

저스틴의 실수는 무엇인가요?   ◐ 121쪽에 해결이 있어요.

과 학 솔 루 션

호랑이는 주로 어디에 살고 있나요?

동물의 습성과 생태

"호랑이는 봤어?"
켄 윌슨이 물었어요.
"응. 벤 삼촌하고 아프리카에 갔을 때 봤어."
저스틴이 대답했어요.

여러분은 관심이 많은 동물들에 대하여 얼마나 알고 있나요? 만약 관심이 있는 동물들의 습성과 생태를 알고 있다면 더욱 쉽게 그 동물에게 다가갈 수 있을 것입니다. 지금부터 여러 동물들이 가지고 있는 대표적인 습성과 생태에 대하여 알아봅시다.

먼저 우리와 친숙한 동물인 닭, 돼지에 대하여 알아볼까요? 닭의 눈을 자세히 관찰해 보면 다른 동물과는 다르게 되어 있지요. 사람의 경우 얼굴에 눈이 나란히 붙어 있지만 닭은 머리 양쪽에 눈이 각각 붙어 있습니다. 따라서 사람의 경우 눈동자가 한쪽으로 모이는 사팔뜨기 눈이 있을 수 있지요. 하지만 닭의 경우에는 2개의 눈이 따로 되어 있으므로 사팔뜨기가 존재할 수 없지요.

호랑이는 숲이 울창한 지역에서 주로 활동하고 있는 대표적인 동물로 아시아 지역에서 살고 있습니다. 무엇보

다 호랑이가 아프리카와 같은 지역에 살지 못하는 이유는 몸에 있는 줄무늬 때문이지요. 이 줄무늬는 숲에서는 어느 정도 위장이 되어 먹이를 사냥하는 데 도움을 주기 때문입니다. 하지만 아프리카와 같이 풀이 얕은 초원 지대에서는 금방 모습이 드러나게 되므로 먹이를 사냥하는 데 어렵기 때문이지요. 또, 소나 말과 같이 풀을 먹는 초식 동물들은 앞다리가 아닌 뒷다리로 먼저 일어나지요. 그 이유는 잘 달리기 위하여 뒷다리가 더 발달되어 힘이 세기 때문에 이를 이용하여 일어나는 것이 쉽답니다. 이처럼 동물들이 가지는 특징에는 다 이유가 있습니다.

그 밖에도 먹는 먹이에 따라 다른 특징을 가지고 있습니다. 풀을 주로 먹는 양과 염소의 경우에는 육식 동물과는 달리 먹이를 씹는 어금니가 발달되어 있습니다. 반면에 호랑이나 늑대와 같은 육식 동물의 경우에는 고기를 잘 씹고 찢기 위하여 날카로운 송곳니가 발달되어 있지요. 또, 여러 가지 다양한 먹이를 먹는 원숭이와 같은 잡식 동물의 경우에는 온

몸이 골고루 발달되어 있으며 다른 동물보다 뛰어난 두뇌를 가지고 있는 특징이 있습니다.

이처럼 우리가 알고 있는 다양한 동물들은 그 나름의 습성과 생태를 가지고 있습니다. 따라서 우리가 이러한 동물들의 습성과 생태를 안다면 더욱 가까이 그 동물들에게 다가갈 수 있을 것입니다. 그것만이 지구상에 살고 있는 소중한 생명체를 보호하고 지키는 길입니다.

정답

여러분은 동물원에 가서 여러 종류의 맹수들을 본 적이 있을 것입니다. 그 동물들 중에서 호랑이만큼 우리와 친근한 동물은 없을 것입니다. 아주 오래전에는 우리나라에도 살았을 만큼 우리와 친숙한 동물이지요. 하지만 지금은 아쉽게도 우리나라에는 멸종이 되어 살고 있지 않아요. 아주 일부가 중국 지역에서 발견되기도 합니다. 이렇게 호랑이는 우리나라를 비롯한 아시아 지역에 살고 있는 대표적인 맹수이지요.

사건의 해결 | 가짜 여행가의 실수를 밝혀라! 편

인사이클로피디아는 저스틴의 모험담에서 잘못된 점을 다음과 같이 짚어냈다.

1. 사팔뜨기 수탉은 없다. 조류의 눈은 나란히 붙어 있는 것이 아니라 머리 양쪽에 각각 붙어 있으니까.

2. 아프리카에는 야생 호랑이가 없다. 호랑이는 아시아 지역에 사는 동물이다.

3. 기린은 소나 그 밖의 되새김질하는 동물들과 마찬가지로 앞다리가 아닌 뒷다리로 먼저 일어선다.

4. 수컷 캥거루에게는 배주머니가 있을 수 없다. 캥거루의 배주머니는 암컷들에게만 있으니까.

5. 부엉이는 눈동자가 움직이지 않고 목이 움직인다. 또한 부엉이는 부드러운 날개로 소리 없이 난다.

유령 신부의 발자국

저녁 식사를 마친 브라운 가족이 거실에 앉아 있는데 오토 베크가 뛰어 들어왔어요. 오토는 바람에 흔들리는 풀잎처럼 몸을 와들와들 떨고 있었어요. 눈은 금방이라도 튀어나올 것 같았지요. 마치 무슨 말을 하려는 듯 입을 열었지만 오토의 입에서는 한마디도 나오지 않았어요. 대신 이가 달그락 닥닥 부딪치는 소리만 요란했어요.

"오토, 무슨 일이니?"

브라운 부인이 놀라 물었어요.

"왜 그렇게 겁에 질려 있니?"

"그, 그 여자를 봐, 봤어요!"

오토가 숨이 막힌 듯 말했어요.

"누굴 말이냐?"

브라운 서장이 물었어요.

오토는 말을 하려고 했지만 이를 부딪치며 떠는 통에 제대로 말을 하지 못했어요. 겨우 오토가 입을 열었어요.

"하트브레이크 만에서부터 계속 뛰어왔어요."

"7마일이나? 발이 무사해?"

인사이클로피디아가 믿기지 않는다는 듯 물었어요.

"발이 땅에 안 닿게 뛰었어."

말을 마친 오토가 바닥에 힘없이 주저앉으려 하자 인사이클로피디아가 얼른 의자를 내주었어요.

"고마워, 좀 앉아야겠어."

오토가 말했어요. 한동안 숨을 고른 오토는 겨우 기운을 차렸어요. 그러고는 몇 번인가 눈을 깜박인 후에야 입을 열었어요.

"제니퍼 맥킨토시를 봤어요! 하얀 드레스를 입고 있었어요. 그런데 드레스 자락을 모래 바닥에 질질 끌면서 천천히 걷고 있었어요. 마치 신부처럼요!"

인사이클로피디아는 흠칫 놀랐어요. 제니퍼는 백 년 전쯤 아이다빌에 살았던 사람이었으니까요. 약혼자가 결혼식 전날 밤 바다에서 실종되는 비극을 겪은 여인이었어요. 전해 오는 이야기에 따르면 제니퍼 유령은 하얀 신부 드레스를 입은 모습으로 아직도 아이다빌의 해변을 돌아다닌대요. 약혼자의 시신을 찾아서 말이에요.

"너 말고 본 사람이 또 있니?"

브라운 서장이 물었어요.

"그런 것 같지는 않아요."

오토가 힘겹게 대답했어요.

오토의 말에 따르면, 오토는 혼자 해변으로 야영을 하러 갔대요. 모래밭 너머 풀밭에다 텐트를 세우고 저녁을 짓고 있었어요.

"그때 제니퍼 유령이 나타났어요."

오토가 갑자기 말을 멈추고 이마를 찌푸렸어요. 그러더니 별안간 다시 이야기를 이었어요.

"잠깐만요. 해변에 다른 사람이 있었어요. 제니퍼 유령을 보기 한 시간 전쯤에 어떤 남자가 가방을 들고 해변을 가로질러 갔어요. 뭔가 급한 일이 있는 것처럼 보였어요. 다리를 저는 사람이었어요."

"흠, 다리를 절었다……."

브라운 서장이 중얼거렸어요.

"그게 중요한가요, 여보?"

브라운 부인이 물었어요.

"포크의 보석 가게가 오늘 오후에 털렸소. 한 남자가 가게 뒷문으로 빠져나가는 걸 봤다는 목격자가 있었다오. 그 사람을 눈여겨보지는 않았지만 가방을 가지고 있었고 다리를 절었다는 것은 기억난다고 했소."

브라운 서장이 설명했어요.

"아빠! 그 남자가 정말 다리를 절었다면 모래에 난 발자국으로 확인할 수 있어요. 한쪽 발자국은 길게 났을 것이고 다른 쪽 발자국은 더 짧을 거예요."

인사이클로피디아가 말했어요.

"한번 가 봐야겠다."

브라운 서장이 말했어요. 브라운 서장은 손전등 세 개를 준비하고 총을 찼어요.

차를 타고 하트브레이크 만의 해변으로 가는 동안 인사이클로피디아는 제니퍼 유령에 대해 오토에게 질문을 했어요.

"얼굴을 봤어? 유령이 무슨 소리는 안 냈어?"

"소리 같은 건 못 들었어. 파도 소리가 시끄러운데다 바람까지 불어서. 바람 때문에 면사포가 얼굴을 온통 가리기도 했지만 얼굴을 볼 새가 어디 있냐? 너라면 유령이 나타났는데 누구 유령인지 확인하고 있겠어?"

오토가 말했어요.

인사이클로피디아는 이것저것 계속 물었지만 더 알게 된 것은 없었어요. 일행이 하트브레이크 만의 해변 남쪽 끝자락에 도착했을 때는 날이 어둑어둑해지고 있었어요.

브라운 서장은 오래되어 망가져 가는 부둣가에 주차를 했어요. 이 부두는 제니퍼의 약혼자가 바다로 떨어진 후 다시는 볼 수 없게 된 곳이었어요.

오토가 손전등으로 자신이 세워 둔 텐트를 비췄어요. 텐트는 물가에서 100야드는 됨직한 곳에 세워져 있었어요.

"텐트 옆에 앉아 쉬고 있을 때 다리를 저는 남자가 지나갔어. 그로부터 한 시간 후에 반대쪽에서 유령이 나타나 지나

갔고."

오토가 말했어요.

세 사람은 손전등을 비춰 가며 발자국을 찾아보았지만 오토의 발자국 말고 다른 발자국은 없었어요. 갑자기 브라운 서장이 멈춰 섰어요.

"여기 좀 보렴."

손전등 불빛에 약 2피트 폭으로 모래를 매끄럽게 쓸어 놓은 흔적이 보였어요. 흔적은 모래밭을 따라 나 있었어요.

"누군가 발자국을 지웠다!"

오토가 소리를 질렀어요.

"2마일쯤 떨어진 해변 저쪽 끝에 바니 슬레이드 부부가 사는 오두막이 있단다."

브라운 서장이 말했어요.

"바니는 작년에 사고를 당한 이후로 발을 절고 있지."

"바니가 도둑인가요?"

오토가 물었어요.

"그럴 수도 있지. 내 생각에 바니는 자동차를 훔쳐 보석 가게를 턴 후 이쪽으로 오지 않았나 싶다. 그런 후 차를 오래

된 부두에 버렸지. 경찰에게 도둑이 보트로 갈아타고 도망쳤을 거라고 보이기 위해서 말이야."

브라운 서장이 말했어요.

"그런데 실제로는 해변을 가로질러 가는 지름길을 택했죠. 자신의 자동차는 해변 북쪽 끝에 주차시켜 놓았던 거예요!"

오토가 말했어요.

"그래. 그런데 절반쯤 왔을 때 너를 봤지. 대책을 세우기에는 너무 늦었지. 다행히 거리가 떨어져 있어서 얼굴은 못 알아볼 것이지만 뒤에 남을 발자국은 걱정이 되었겠지. 그 사람이 네가 마을로 달려간 뒤에 돌아와서 발자국들을 지운 게지."

브라운 서장이 말했어요.

"하지만 부두에는 우리가 타고 온 차 말고는 없었잖아요!"

오토가 말했어요.

"그리고 모래 위의 발자국을 지우려고 시도할 엄두는 못 냈을 것 같아요. 그러다가 누군가에게 또 들킬 수 있잖아요."

"아마 발자국을 덮고 나서 도주 차량은 어딘가에 숨겨 두었을 게다. 그런데도 여전히 앞뒤가 안 맞는다는 데는 나도 동감이다."

브라운 서장이 말했어요.

"전 아직도 제니퍼 유령이 마음에 걸려요."

오토가 중얼거렸어요.

"아무도 제 말을 믿으려 하지 않을 거예요!"

"아니, 난 너를 믿어."

인사이클로피디아가 말했어요.

인사이클로피디아는 어떤 근거로 오토의 말을 믿는다는 걸까요?

○ 135쪽에 해결이 있어요.

과학 솔루션

마일의 의미는 무엇인가요?

단위에 대하여

"7마일이나? 발이 무사해?"
인사이클로피디아가 믿기지 않는다는 듯 물었어요.
"발이 땅에 안 닿게 뛰었어."

우리는 일상생활에서 여러 가지 다양한 단위들을 사용하고 있지요. 가장 많이 사용하는 것이 길이를 나타내는 단위로 센티미터(cm), 미터(m), 킬로미터(km), 마일(mile) 등이 있어요. 이 단위들을 표시한 자가 있어 우리는 아주 편리하게 길이를 측정할 수 있습니다.

하지만 넓이, 무게, 부피, 온도, 압력 등을 나타내는 단위들은 지역에 따라 조금씩 다르므로 잘 알고 있어야 합니다.

지금부터 우리의 생활에서 가장 많이 사용되고 있는 단위들에 대하여 자세하게 알아볼까요?

먼저 길이를 나타내는 단위에는 센티미터(cm), 미터(m), 킬로미터(km), 인치(in), 피트(ft), 야드(yd), 마일(mile) 등이 있어요. 1인치는 약 2.54cm, 1피트는 1인치의 12배로 약 30.48cm, 1야드는 1피트의 3배로 약

91.44cm이고 1마일은 1.6km입니다.

넓이를 나타내는 단위에는 제곱미터(m^2), 제곱킬로미터(km^2), 헥타르(ha), 제곱피트(ft^2), 제곱야드(yd^2), 에이커(ac) 등이 있어요. 1헥타르는 1만 m^2이고, 에이커는 논밭의 넓이를 재는 단위로 1에이커는 약 4,047m^2입니다.

무게를 나타내는 단위에는 밀리그램(mg), 그램(g), 킬로그램(kg), 톤(t), 온스(oz), 그레인(gr) 등이 있어요. 1톤은 약 1,000kg이고, 1온스는 일반적으로 약 28.25g으로 금, 은, 약제용으로는 31.1025g으로 구분해 씁니다. 1그레인은 약 0.0648g이지요.

부피를 나타내는 단위에는 씨씨(cc), 밀리리터(ml), 리터(l), 세제곱센티미터(cm^3), 세제곱미터(m^3), 갤런(gal), 배럴(bbl) 등이 있어요. 배럴은 영국과 미국에서 액체, 과일, 야채의 부피를 재는 단위입니다.

온도를 나타내는 단위에는 섭씨온도(℃), 화씨온도(℉), 절대온도(K)가 있어요. 화씨온도는 얼음이 녹는점을 32℉, 물이 끓는점을 212℉로 정해 그 사이를 등분한 온도 단위이고, 절대온도는 물질의 특이성에 의존하지 않고 영하 273.15℃를 기준으로 정한 온도 단위입니다.

압력을 나타내는 단위에는 기압(atm), 헥토파스칼(hPa), 밀리바(bar), 프사이(psi), dyne/cm^2, mmHg 등이 있습니다. 기압은 공기의 압력을 나타내는 단위로 1기압은 1,013.25헥토파스칼이며, 1밀리바는 1cm^2에 1,000다인의 힘을 작용시켰을 때의 압력을 나타냅니다.

이처럼 우리 주위에는 다양한 종류의 단위들이 존재합니다. 이러한

단위들을 전부 알 수는 없겠지만 자신에게 꼭 필요한 단위들은 기억하고 있는 것이 좋습니다. 만약 여러분이 다른 나라에 갈 경우 생소한 단위를 사용할 수도 있기 때문입니다.

사건을 해결하는 데 도움을 준 과학 지식은 무엇일까?

아마 여러분은 바람이 부는 날에 빨랫줄에 널어 둔 빨래가 바람에 날리는 것을 본 적이 있을 것입니다. 여기에서도 해변이라고 하면 바람이 불 것이고 자연스럽게 드레스 옷자락이 날려야 정상입니다.

그런데 오토는 해변의 모래 위로 질질 끌려가는 하얀 드레스를 보았다고 했습니다. 이것은 말이 되지 않습니다. 결국 바니 슬레이드는 보석 가게에서 보석을 훔친 후 자신의 발자국을 없애기 위하여 유령이 나타난 것처럼 꾸민 것입니다.

정답

우리는 생활 속에서 여러 가지 다양한 단위들을 사용합니다. 하지만 이 단위들은 나라마다 약간의 차이가 있어서 혼란을 주는 경우가 있으므로 유의해야 하지요. 그중에서 킬로미터(km)와 마일(mile)은 서로 비슷하지만 차이가 있습니다. 우리나라의 경우에는 킬로미터(km)를 사용하지만 미국의 경우에는 마일(mile)을 사용합니다. 보통 1마일(mile)은 1.609344km라고 하여 서로 차이를 구분하지요. 이렇게 단위들은 사용하는 지역에 따라 서로 다르므로 잘 확인해야 한답니다.

사건의 해결: 유령 신부의 발자국 편

　오토는 유령 신부가 긴 하얀 드레스를 뒤로 질질 끌면서 갔다고 했다. 하지만 보통의 드레스 자락이었다면 면사포처럼 바람에 날렸어야 할 상황이었다. 이것이 실마리였다!

　바니 슬레이드는 모래에 난 발자국들을 지워야만 했다. 그래서 아내의 낡은 결혼 드레스를 꺼내 와 제니퍼 맥킨토시처럼 보이도록 아내에게 입혔다. 드레스 끝자락에는 묵직한 판을 달았다. 바니의 아내가 해변의 모래 위를 걸을 때 드레스 끝자락의 판은 그녀의 발자국뿐만 아니라 바니의 발자국까지 지웠다. 도주 차량이 있는 곳까지 온 바니의 아내는 그 차로 또 다른 은신처로 이동했다.

　바니 슬레이드는 체포되어 자백을 했다. 바니는 오토가 본 것을 말해도 아무도 믿지 않을 거라고 생각했다.

과학탐정 브라운 9 가짜 여행가의 실수를 밝혀라!

펴낸날	초판 1쇄 2011년 11월 30일
	초판 4쇄 2021년 2월 26일

솔루션 집필 및 감수 신나는 과학을 만드는 사람들
지은이   도널드 제이 소볼
그린이   박기종
옮긴이   이정아
펴낸이   심만수
펴낸곳   (주)살림출판사
출판등록   1989년 11월 1일 제9-210호

주소   경기도 파주시 광인사길 30
전화   031-955-1350   팩스 031-624-1356
홈페이지   http://www.sallimbooks.com
이메일   book@sallimbooks.com

ISBN   978-89-522-1602-1   74840
ISBN   978-89-522-1176-3   74840(세트)

살림어린이는 (주)살림출판사의 어린이 브랜드입니다.

※ 값은 뒤표지에 있습니다.
※ 잘못 만들어진 책은 구입하신 서점에서 바꾸어 드립니다.

사용연령 8세 이상   제조국   대한민국
제조년월 2021년 2월 26일   제조자명 (주)살림출판사
연락처   031-955-1350
주소   경기도 파주시 광인사길 30
주의사항 책을 던지거나 떨어뜨리면 모서리에 다칠 우려가
       있으니 주의하세요.

KC마크는 이 제품이 공통안전기준에 적합하였음을 의미합니다.